biblioteca abierta

colección general **sociología**

Miguel Antonio Caro:
el intelectual y el político

Miguel Antonio Caro (1843–1909)

Miguel Antonio Caro: el intelectual y el político

Darío Mesa

Editado por Clemencia Tejeiro Sarmiento

UNIVERSIDAD NACIONAL DE COLOMBIA
SEDE BOGOTÁ
FACULTAD DE CIENCIAS HUMANAS
DEPARTAMENTO DE SOCIOLOGÍA

2014

CATALOGACIÓN EN LA PUBLICACIÓN UNIVERSIDAD NACIONAL DE COLOMBIA

Mesa Chica, Darío, 1921-

Miguel Antonio Caro : el intelectual y el político / Darío Mesa Chica; Clemencia Tejeiro Sarmiento, editora ; compilación y preparación de textos: Wilson Ladino y Anita Weiss. -- Bogotá : Universidad Nacional de Colombia (Sede Bogotá). Facultad de Ciencias Humanas. Departamento de Sociología, 2014.
166 p. – (Biblioteca abierta. Sociología)

Incluye referencias bibliográficas

ISBN : 978-958-761-955-3

1. Caro, Miguel Antonio, 1843-1909 - Crítica e interpretación 2. Caro, Miguel Antonio, 1843-1909 - Pensamiento político 3. Sociología histórica – Colombia 4. Antropología política I. Tejeiro Sarmiento, Clemencia, 1952-, editor II. Título III. Serie
CDD-21 301.09861 / 2014

Miguel Antonio Caro: el intelectual y el político
Biblioteca Abierta
Colección General, serie Sociología

Primera edición, 2014

ISBN: 978-958-761-955-3

Compilación y preparación de textos:
Wilson Ladino y Anita Weiss

Diseño original de la colección Biblioteca Abierta
Camilo Umaña

Preparación editorial
Centro Editorial de la Facultad de Ciencias Humanas
Esteban Giraldo González, director
Felipe Solano Fitzgerald, coordinador editorial
Diego Mesa Quintero, coordinación gráfica
editorial_fch@unal.edu.co
www.humanas.unal.edu.co

Bogotá, 2014
Impreso en Colombia

Imagen de contraportada: *Miguel Antonio Caro.*
Pintura al óleo (76,5 cm x 96,5 cm) del maestro Ricardo Gómez Campusano (1934). Biblioteca Nacional de Colombia. Fotografía: Luis Fernando Barriga

No escarnecer, ni lamentar, ni odiar, sino comprender
BARUCH SPINOZA, *Carta XXX a Henry Oldenburg*

Contenido

intelectualmente para entender la realidad de la sociedad colombiana de los últimos años del siglo XIX y, en consecuencia, capaz de elaborar un diagnóstico que denota su visión moderna de la economía y su comprensión del momento histórico que esta sociedad atravesaba. Lo califica como un pensador y un hombre de acción, con «una aguda percepción de los problemas reales del país» y situado al nivel de la alta cultura mundial. Y lo considera el intelectual más destacado de su época. Precisa las fuentes y las características de su catolicismo ortodoxo, que contrasta con la lucidez que demuestra en la apropiación y aplicación que hace de conceptos científicos avanzados de su tiempo.

El profesor Mesa analiza los años posteriores a 1880, en los cuales tuvo lugar el gran viraje en la estructura del Estado colombiano suscitado por el presidente Rafael Núñez. Pero empieza enmarcando los cambios ocurridos en ese periodo en el proceso de formación del Estado nacional. Su enfoque parte de la idea de que se trata de un proceso histórico que empieza en el año 1550, en un territorio, la Nueva Granada, delimitado jurídicamente y en el que existe una unidad lingüística de sus habitantes. Estos habitantes constituyen una comunidad que comparte valores, los heredados de España y los que se van formando con el tiempo. A lo largo de los años esa comunidad adquiere «unos rasgos característicos y unos perfiles históricos determinados» sobre la base de su interacción en el trabajo. En la segunda mitad del siglo XIX ya en ese territorio se ha conformado un pueblo, en el sentido que da Hegel a este concepto, de «pueblo viviente»: han aumentado las interdependencias de los individuos para satisfacer sus necesidades y se ha realizado un considerable avance de la sociedad civil. Pero se trata, anota el profesor Mesa, de una sociedad situada entre el precapitalismo y la producción moderna. Por lo tanto, hay que tener en cuenta diversos indicadores de la existencia de una situación de atraso: en la economía, en la comunicación entre provincias, en la educación, en la técnica, en el intercambio comercial y en la escasa división del trabajo.

En el importante debate que hacia 1884 adelantó con los liberales, Caro no solo se sitúa en el nivel de los especialistas de la economía de su época sobre el papel moneda, sino que desde el punto de vista teórico está orientado hacia una explicación estructural, en la medida en que vincula el dinero a la producción y reconoce al dinero como el eje de la sociedad civil. Caro no menciona este concepto, pero su análisis sí apunta, como observa el profesor Mesa, a constatar la existencia de una sociedad civil en Colombia: ha trascendido lo fenoménico y percibido el elemento esencial, el dinero, que «encarna el grado de interdependencia de los individuos, corporaciones y agrupaciones que conforman la sociedad civil».

El profesor Mesa demuestra que en el ámbito cultural del país Miguel Antonio Caro fue el único capaz de comprender cuál era la situación concreta de la sociedad colombiana en ese periodo de su historia y de percibir que su desarrollo se dirigía por la vía de la moderna producción. Expresó la conciencia de ese presente histórico en términos precisos en la Constitución de 1886. El hecho es que, en general, en esos años, el repertorio de ideas sobre los problemas económicos y políticos era muy endeble y, en particular, los contradictores liberales carecían de los conocimientos necesarios para estar a la altura de la discusión sobre el problema del dinero y la producción. La afirmación de que Caro está de acuerdo con las tendencias de la ciencia económica de su época se prueba, por ejemplo, con la manera como enfrentó el problema de la moneda: no se limitó a describirlo empíricamente, lo percibió como un sistema, es decir, ubicado en el contexto económico, político y cultural. Por otra parte, el mismo criterio científico aparece en el análisis de otros temas de importancia en aquellos años de la Regeneración, como su idea de que el Estado debe estar por encima de los intereses inmediatos de las clases, o la relatividad en la relación entre el intervencionismo de Estado y la propiedad privada, temas en los que se distanció de los liberales y controvirtió con ellos.

En este seminario, el profesor Mesa iluminó un personaje singular, decisivo en la formación de nuestro Estado nacional. La verticalidad de las convicciones religiosas de Caro ha pesado lo suficiente como para que, en un medio cultural en el que han predominado las pasiones políticas partidistas, se mantenga oculta esa parte de su personalidad que ahora es develada con mano maestra. La parte final del libro se ocupa de esa ambivalencia y se cierra con una conclusión respaldada por la validez de las pruebas aducidas: «A pesar de que no ha renunciado ni expresa ni tácitamente a su militancia religiosa —dice de Miguel Antonio Caro el profesor Mesa—, sus escritos como estadista se esfuerzan por ver en la realidad del país, en el "movimiento inmanente de la cosa" la explicación del problema económico, y no en la creencia o en la fe».

En el último aparte el profesor Mesa sistematiza, a manera de síntesis, cuestiones de método que conciernen al seminario: los conceptos hegelianos que sustentan teóricamente su interpretación del momento histórico investigado —la apariencia y la esencia, la identidad del sujeto y el objeto, el «pueblo viviente»—; el concepto de Marx sobre el proceso de conversión de la tierra en mercancía, para explicar el sentido de la desamortización de bienes de manos muertas de 1861, en relación con el capitalismo moderno; y la evaluación crítica de dos problemas de gran relevancia en los cambios que tuvieron lugar en la esfera política en los años de la Regeneración: el positivismo y la contraposición entre el individuo y el Estado.

El que ahora pueda publicarse lo que en ese entonces fue estudiado en el posgrado se debe en buena medida a uno de sus participantes, el sociólogo Wilson Ladino, quien conservó la mayor parte de las grabaciones del seminario y puso todo su empeño en su publicación. A él van en primer lugar los agradecimientos por su invaluable aporte. Anita Weiss y Clemencia Tejeiro merecen un reconocimiento especial por su activa participación en el proceso de edición. Al Departamento de Sociología, y a su director William Mauricio Beltrán, agradecemos el apoyo financiero para la publicación de este libro, así como a la Facultad de Ciencias Humanas y a su Centro Editorial.

HÉSPER EDUARDO PÉREZ RIVERA
Universidad Nacional de Colombia

Contexto social y político colombiano del siglo XIX

SI TUVIÉRAMOS QUE ELEGIR en el tiempo un punto de partida de lo que sería más tarde la nación colombiana no vacilaría en proponer el año 1550, año de la instalación de la Real Audiencia del Nuevo Reino de Granada. En ella se estableció una delimitación territorial —que incluía el Nuevo Reino de Granada y las gobernaciones de Popayán, Santa Marta y Cartagena—, y se instituyó el ejercicio del derecho sobre la población de ese territorio en una lengua única. Con esta delimitación del territorio y con esta unidad lingüística de todos los pobladores mediante el ejercicio del derecho se estaban creando dos condiciones fundamentales para el surgimiento del Estado nacional. Sobre estas bases podemos tal vez comprender el desarrollo de lo que va a ser el Estado nacional colombiano en el siglo XIX.

Aunque esta unidad en el ejercicio del derecho no podía darse plenamente en las circunstancias de entonces, aparecía ya como tendencia. Quiero subrayar: como tendencia hacia algo que aún no podía realizarse, pero que ya surgía como necesidad de regular e imponer un orden en esa sociedad que se formaba sobre la base de los más variados elementos, no solo criollos, mestizos e indígenas, sino también extranjeros. Estas condiciones —definición territorial y unidad lingüística— expresan y estimulan la tendencia de esa comunidad, de los siglos XVI y XVII que vivía de acuerdo con unos valores peninsulares traídos o heredados y elaborados paulatinamente aquí, a adquirir unos rasgos característicos, unos perfiles históricos determinados, sobre la base material que ella misma va desarrollando.

Las condiciones de la vida material y social

¿Cómo era, de manera concreta, en el siglo XIX, en nuestro territorio, lo que Hegel llamó *das lebendige Volk*, el 'pueblo vivo' o el 'pueblo viviente'? ¿Existía realmente como un pueblo? Es decir, como una aglomeración de individuos que no solo comparten un territorio y una lengua, sino que rigen su conducta por unos valores e ideales comunes, que tienen un pasado común, una perspectiva también común, que realizan un esfuerzo unificado, con una serie de instituciones que ellos mismos crean, acordes con su vida cotidiana. ¿Este pueblo viviente existía realmente en Colombia en el siglo XIX? La respuesta que uno encuentra en los analistas de ese momento es diversa y, en la mayoría de los casos, pesimista.

José María Samper, por ejemplo, en la segunda mitad del siglo XIX, en un relato de viaje a lo largo del río Magdalena escribió: «aquí no tenemos pueblo sino poblaciones». No encontró esa sustancia aglutinante de la cultura, de la moral, de los valores en general, que le permitiera decir que aquí teníamos un pueblo; en su frase se advierte una cierta desesperación. Esto se ve reiterado de una u otra forma en predicadores y escritores, unos más optimistas y otros menos. Pero la realidad que podemos percibir a través de toda la documentación, no solo de origen político sino también literario y religioso —me refiero, sobre todo, a las colecciones de sermones y a la literatura costumbrista—, y a través de la pintura que conocemos de ese tiempo —por ejemplo, la obra gráfica de la Comisión Corográfica—, es una realidad distinta, una sociedad civil que está avanzando de modo considerable, desde luego en una situación contradictoria y tensa.

Esa sociedad civil, ese «sistema de necesidades y dependencias» en el sentido de Hegel, se iba articulando día a día, año tras año, en la medida en que se abrían minas y caminos; cuando se creaba o consolidaba una institución, un sistema o un conjunto de instituciones de enseñanza superior; cuando se establecían las directrices para la escuela primaria o media y se hacían esfuerzos para iniciar la enseñanza técnica; cuando se regulaba o trataba de regularse la agricultura o el comercio exterior, etc.

Todo esto era un esfuerzo del pueblo vivo, del pueblo viviente, en busca de la articulación de todo este «sistema de necesidades y dependencias». En nuestro país percibimos las líneas claras de ese desarrollo. Hoy nadie puede considerarse estrictamente autosuficiente: cada uno depende en alguna forma de otros para la satisfacción de sus múltiples necesidades y estos otros dependen a su vez de los primeros. Ese sistema de dependencias y necesidades que Hegel precisó en la *Filosofía del derecho* es lo que vemos desplegarse y articularse aquí.

En la medida en que se forma esta sociedad civil el pueblo encuentra una base para su convivencia y empieza a vislumbrar la posibilidad de crear instituciones adecuadas al ritmo y la tensión de su sociedad. Todo en ese tiempo es primitivo y precario, casi podríamos decir larvario. Los caminos son apenas trochas, anhelos de comunicación entre las distintas provincias y entre el centro del país y las costas. Con la costa Atlántica, por ejemplo, vital para la exportación y la importación, solamente se dispone de una navegación limitada sobre el río Magdalena. Todo es precario: los caminos, las vías fluviales, la educación, la técnica en general, los oficios, la administración pública, la cultura espiritual.

Todo pueblo viviente, en cualquier sitio del planeta, se muestra inquieto y perplejo cuando se encuentra en un momento de tránsito similar al que nuestro pueblo experimentó en el siglo XIX. Esa confusión, esa disconformidad con su vida, ese buscar a ciegas, ese avanzar sobre la prueba y el error es común en la historia mundial, particularmente en la historia occidental, cuando el pueblo no ha podido encontrar todavía cómo establecerse, cómo desplegar sus potencialidades para crear las instituciones adecuadas a sus intereses y a las necesidades materiales y espirituales de su vida cotidiana.

Ese pueblo viviente, inquieto y perplejo, no podía ser de otra manera, a pesar de los anhelos de los políticos y de las prédicas utópicas de uno u otro signo, porque la base de la cual podía partir era demasiado precaria. Sin unidad territorial, sin unidad de la economía, sin un sistema de valores que pudiera ser compartido por el pueblo entero, sin unidad étnica, este pueblo solo podía ser un proyecto, estar en proceso, recorriendo las primeras etapas de su formación.

Si consideramos tres elementos determinantes de la existencia de una sociedad: el grado de evolución de la técnica, la división del trabajo que resulta de ella y la unidad de la economía, podemos entender que sobre la base de una técnica rudimentaria no podía haber sino una división del trabajo elemental. Hasta bien entrado el siglo XX, hacia 1916 o 1917, apenas existían 16 profesiones registradas y reconocidas en Colombia, incluyendo las de policía y servicio doméstico. Con esa técnica rudimentaria y esa división elemental del trabajo, resultado de la primera, no podía haber unidad de la economía, era solo actividad incipiente. Comparando esta situación de 1916 con la de hoy, podemos ver el salto cualitativo y cuantitativo que el país ha dado y que el pueblo vivo ha logrado construir.

Algo que no se ha subrayado suficientemente es la coexistencia en nuestro país de diversos modos de producción. A finales del siglo XIX coexistían modos de producción que iban desde formas del Paleolítico y del primer Neolítico hasta formas correspondientes técnicamente a la Edad de los Metales y a todo lo que se despliega a partir de allí. La introducción de maquinaria moderna y una cultura urbana, donde ya apuntan tendencias modernas en la educación y en la política, coexisten con comunidades paleolíticas o neolíticas, con la consiguiente productividad miserable del trabajo general. En el siglo XIX ninguno de esos modos de producción tendía aún a predominar y el Estado, lo que teníamos de tal, no podía sintetizar sino de modo precario ese desequilibrio. Las guerras civiles tuvieron esa raíz.

El federalismo, sobre esas bases, no podía tener una existencia histórica distinta de la que tuvo: una serie de provincias que no encontraron el aglutinante de una producción moderna, acentuaron cada vez más sus diferencias regionales, no solo desde el punto de vista económico —como mineros, agricultores o simples comerciantes—, sino también desde el punto de vista cultural y religioso. Los jefes de esas regiones carecían de una concepción propiamente nacional del Estado; el poder local tenía su raíz en los intereses concretos y cotidianos de ese pueblo vivo. El cacique, tan denostado, el caudillo local, era una expresión inmediata de la precariedad de la vida material y de la vida colectiva en general que se desarrollaba sobre esa base histórica.

El sistema de necesidades y dependencias no se articulaba aún a la escala del territorio nacional. Podemos comprobar hoy en la documentación, también podemos advertirlo en la literatura, que en la mayoría de las regiones la sociedad civil apenas tenía alcance local. La articulación con el resto del territorio nacional, por tanto, era muy débil, casi imperceptible. Las manufacturas producidas en el oriente del país, particularmente en la región de Santander, no circulaban libremente como mercancías dentro del territorio nacional sino pasando por aduanillas locales, por mil trabas. Naturalmente era más fácil, y desde luego más rentable, importar del exterior esos bienes: sombreros, zapatos, telas, etc., que consumir los que se producían aquí, no solamente de menor calidad sino más difíciles de obtener.

Esta dispersión del territorio se acentuaba con la heterogeneidad administrativa del régimen federal, reforzada por los intereses particulares de los jefes regionales que, en las condiciones descritas, respondían a las presiones del pueblo de cada localidad. Tal heterogeneidad administrativa de la Federación se inició en 1853, luego fue impulsada por la Constitución de 1858 y vino a culminar en la Constitución de 1863. Ese proceso acentuó las diferencias regionales, no tanto desde el punto de vista material cuanto desde el punto de vista de los intereses políticos de los distintos jefes, obstaculizando el despliegue del sistema de necesidades y dependencias a escala nacional.

Para hacer mucho más plástica la percepción de la dispersión del país, recordemos cómo en este periodo se registran en los archivos cerca de cincuenta contiendas armadas en distintos lugares. En el lapso de 1853 a 1886 fueron derrocados cuatro gobiernos en Panamá, dos en Bolívar, dos en el Magdalena, dos en Cundinamarca, uno en Boyacá, uno en Tolima. Hubo cuatro guerras civiles en la Federación en este periodo —1854, 1859, 1876 y 1885—, dos golpes de cuartel, de José María Melo, en 1854, y del general Santos Acosta en 1867. Las dictaduras de Melo y de Mosquera son hechos que corroboran la inestabilidad del régimen político. Estas son apenas manifestaciones en la esfera política de un desarreglo estructural, de la incoherencia entre la sociedad civil y una forma del Estado. La sociedad civil no estaba articulada orgánicamente con el Estado y por lo tanto no debe sorprender el que se presentaran todos estos conflictos, desde los golpes de cuartel hasta las reyertas armadas en los distintos Estados de la Federación.

Sin embargo, la sociedad civil se iba formando. El sistema de necesidades y dependencias se fundamentaba entonces en la agricultura, la minería, la actividad artesanal, la manufactura —que apuntaba y se consolidaba vastamente en regiones como Antioquia—; las destrezas profesionales como la medicina, la ingeniería o el ejercicio del derecho empezaban a acentuar sus rasgos característicos en la sociedad y a hacer sentir su peso específico como profesiones o como estamentos. También la técnica se alteraba visiblemente: datos de las distintas regiones así lo indican. En Antioquia, por ejemplo, ya había talleres de artes y oficios que tenían la apariencia y la forma de la manufactura, los caminos, por otro lado, se extendieron como redes para integrar el territorio. De modo concomitante con la aparición de estos grandes talleres, de la apertura de estos caminos y del auge de la minería, se dictó la primera Cátedra de Economía Política, precisamente en Antioquia. Como señaló Marx, si la economía política aparece es porque se encuentra una tierra nutricia: la que va a determinar una nueva dinámica en el país en la segunda mitad del siglo XIX.

Además de los talleres de artes y oficios, los caminos, las cátedras nuevas, las tentativas de universidad y los intentos de modernización de la educación, aparecen los bancos comerciales. La circulación de mercancías demanda cada vez más dinero, es decir, cada vez más signos equivalentes. Pero ese equivalente general de las mercancías, que es el dinero, no tenía todavía el respaldo pleno del Estado y, por lo tanto, la emisión privada predominaba: las distintas compañías y los diversos bancos desempeñaban el papel de casas de emisión. Las grandes compañías que respaldaban su dinero con su propia fortaleza son un elemento corriente en el siglo XIX, pero la necesidad de centralización monetaria se hacía cada vez más evidente. La banca central no había aparecido todavía en el país, pero había ya una tendencia, una probabilidad de que esa banca de emisión fuera creada, como ocurrió después de la Revolución inglesa cuando las clases dirigentes, al par que mantenían la Monarquía como punto de equilibrio, apuntaban a la gran tarea económica, política y social que culminó en la creación de una banca central. El Banco Central de Inglaterra se creó en primer lugar como banco de emisión y esto se repite de manera esencial en todos los países que acceden al desarrollo de la sociedad civil moderna. Cuando esta sociedad civil es la sociedad capitalista la banca central se hace ineluctable. Esto nos explicaría los esfuerzos de distintos gobiernos y asociaciones de empresarios de entonces para crear un centro de emisión de dinero respaldado por el Estado que diera estabilidad a la economía, a las inversiones agrícolas y urbanas, así como estabilidad y respaldo a la circulación de mercancías.

La esfera de las ideas

Las ideas predominantes, el sistema de valores y la vida espiritual corren parejas con el desajuste de la sociedad. Aparecen ideas contradictorias, vagamente asimiladas, apenas fragmentos de información; uno que otro estudioso aplicado realmente a la asimilación crítica de algunas de las grandes corrientes del pensamiento, pero no podemos descubrir a alguien de quien pudiera decirse que ha expuesto de manera cabal un solo sistema de pensamiento, trátese del positivismo francés de Comte, o del pragmatismo inglés de Herbert Spencer, o del utilitarismo de Bentham, que fue el mejor estudiado o por lo menos el más intensamente debatido. Todas estas corrientes —el positivismo, el utilitarismo, el eclecticismo, el catolicismo integrista—, van a chocar entre nosotros, en la esfera espiritual del siglo XIX, como manifestaciones ideológicas de intelectuales semicultos que apenas pueden tomar fragmentos de información; como deformaciones del pueblo, en gran medida analfabeto, apto para convertirse en objetivo de panfletos, doctrinas, dogmas, prédicas, imposiciones y dominación. Podríamos decir que este reflejo en Colombia guardaba proporciones, en cuanto a mezquindad y precariedad, con el resto de la vida material del pueblo vivo.

Esto es visible de manera particular en las polémicas religiosas y en los debates políticos concomitantes. La apologética predominaba en los sectores creyentes: el objetivo era defender a toda costa el catolicismo. Se trataba de saber si tal o cual «doctrina» —no tal sistema de pensamiento, científico o filosófico— se adecuaba o no a las directrices para el pensamiento, la práctica y la moral, establecidas por la Iglesia católica; más precisamente, por un papado integrista, consciente de sus intereses y de lo que podía proyectar como política en todo el mundo. Para comprender nuestra historia es importante analizar ese momento y tener en cuenta la influencia política que a través del clero ejerció aquí Pío IX, cuyo pontificado se extendió desde 1846 hasta su muerte en 1878. Buena parte del fuego avivado en la hoguera de las guerras civiles entre nosotros provino de la prédica del papa Pío IX y de su cohorte sacerdotal en todo el país.

En el campo filosófico el gran debate del positivismo solo fue abordado a medias, no como asimilación crítica sino como deformación ideológica. Tomen ustedes, por ejemplo, el positivismo francés: Comte, Taine, Littré y Renan fueron estudiados apenas tangencialmente. El positivismo fue combatido no como una totalidad, como un cuerpo de pensamiento con una lógica interna, con una metodología derivada; fue combatido por algunos aspectos considerados doctrinales que podrían afectar, en una u otra forma, los intereses espirituales y materiales de la Iglesia.

Comte afirmó que en el desarrollo de la sociedad, del conocimiento y del individuo se presentan sucesivamente tres estadios: la etapa «teológica» (mágica-fetichista-religiosa), la etapa «metafísica» (o crítica-revolucionaria) y, finalmente, la etapa «positiva» (o científica), de la cual se estaba a la espera. Entre nosotros no se trató de discutir la veracidad o la consistencia interna de este pensamiento, sino de ver en qué punto podía tocar un interés particular o un aspecto doctrinal que era necesario defender apologéticamente. Podemos decir entonces que, por lo menos en esta primera etapa, el positivismo francés no fue debidamente asimilado. Fue necesario esperar a que el más grande científico de nuestra cultura, Rufino José Cuervo, afrontara en las dos últimas décadas del siglo XIX la asimilación crítica del positivismo en la esfera lingüística —en la obra de Littré—, para tener aquí alguien capaz de comprender lo que en ese entonces se llamó «la querella de los métodos», es decir, el debate sobre los métodos en la investigación científica y en la guía intelectual de las sociedades. Fue Cuervo, hasta donde sabemos, el único capaz de afrontar la tarea, tomar una posición en la querella de los métodos y sacar todas las lecciones que podemos ver cristalizadas en su diccionario y en su obra en general. Desde luego, él no aceptaba, no podía aceptar, las derivaciones antirreligiosas, propiamente escépticas, que podían desprenderse de algunas tesis del positivismo.

Dos grandes tendencias, *grosso modo*, se derivaron del positivismo francés: una tendencia liberal, llamada también convencionalmente «progresista», que promovía el desarrollo de la técnica, el despliegue de la ciencia en todos los países, la modernización de la cultura, etc.; y una tendencia autoritaria, que proviene de las prédicas de Comte contra el desorden y sobre la necesidad de establecer en la sociedad un orden que ha de pasar por encima de todas las oposiciones. La tendencia liberal predominó entre los intelectuales positivistas de México que sustentaron y orientaron el régimen de Porfirio Díaz. Durante su gobierno, de acuerdo con las necesidades del momento, el país se pobló de escuelas, caminos, ferrocarriles, minas, etc. En 1910, don Justo Sierra, cabeza de este grupo de intelectuales positivistas, fundó la Universidad de México. En Chile y Brasil ocurrió algo similar, aunque hubo deformaciones religiosas y místicas que estaban también potencialmente presentes en el pensamiento de Comte. Como es sabido, este derivó hacia el ocultismo y el misticismo más pintorescos.

Entre nosotros se acentuó la tendencia autoritaria del positivismo. Algunos dirigentes políticos tomaron del positivismo francés el meollo monárquico, regresivo, autoritario, para proyectarlo en sus posiciones frente a la sociedad y el Estado. A pesar de que muchos de los epígonos colombianos del positivismo francés o inglés vivieron en Inglaterra y Francia, no lograron una asimilación crítica demostrable a través de una obra, una exposición teórica comprensiva o una proyección política perceptible. Si excluimos la obra de Cuervo y tal vez algunos escritos de epígonos como Salvador Camacho Roldán o Miguel Samper, podemos decir que estos sistemas de pensamiento no fueron realmente asimilados entre nosotros. El eclecticismo se adecuaba mejor a la precariedad de la cultura y a la índole de la vida material entre nosotros. Aun así, no podemos decir que dejara nada distinto de algunos discursos, exposiciones de cátedra y escritos carentes de nitidez en sus líneas lógicas. Ningún problema de método quedó claramente establecido. Todo era más o menos confuso en Ezequiel Rojas, en Manuel Madiedo, en quienes se vieron, de una u otra manera, tocados por fragmentos de positivismo, de romanticismo, de eclecticismo o de utopismo socialista.

El catolicismo integrista, en cambio, mostraba consistencia lógica y aprehensión nítida afirmando la intangibilidad de todos los puntos establecidos dogmáticamente por la Iglesia, empezando por la infalibilidad papal, reconocida de hecho durante varios siglos y reafirmada por el Concilio Vaticano de 1870, durante el papado de Pío IX. El primer documento que estudiaremos, si nos proponemos conocer cuál era la atmósfera ideológica en el país, es la encíclica *Quanta Cura* de Pío IX contra la sociedad contemporánea (1864), seguida del *Syllabus* o catálogo que expone y denuncia en 80 parágrafos los «errores principales de nuestro tiempo». Esa atmósfera ideológica, determinada por la *Quanta Cura* y el *Syllabus*, fue desastrosa para nuestra vida intelectual y para nuestra convivencia como pueblo. El parágrafo final del *Syllabus* sintetiza la posición frente al mundo moderno: el Papa no puede «reconciliarse», ni «transigir con el progreso, el liberalismo y la civilización moderna». Por tanto, la Iglesia, los sacerdotes y los católicos de todas las naciones han de oponerse a toda la sociedad moderna. Esa sociedad moderna implicaba, según el *Syllabus*, no solo el liberalismo sino también la separación entre la Iglesia y el Estado, la educación laica, el matrimonio civil, la libertad de cultos, la ciencia no sujeta al dogma religioso, el racionalismo, la libertad de prensa y edición, todo lo que podía identificarse como signo de la modernidad. Y, naturalmente, también se condenaba el «funesto error del comunismo y el socialismo».

Todo esto fue lo que realmente asimilaron aquí los grupos dirigentes del catolicismo y contra ellos vemos insurgir gran parte del liberalismo, no solo radical, sino de todos los matices. No se trataba aquí de grupos de ateos, de racionalistas militantes, anticatólicos o antirreligiosos, todo lo contrario: don Santiago Pérez, por ejemplo, era un hombre religioso, iba a misa frecuentemente, comulgaba. Como él, muchos otros liberales, tan religiosos como los conservadores, se opusieron a esas directrices que provenían del papado y se encarnaban en posiciones muy claras que aquí se predicaban de modo sistemático. Casi todo el clero, salvo una que otra disidencia, fue moldeado, en los seminarios y conducido en su acción pastoral sobre las directrices de la *Quanta Cura* y del *Syllabus*. Oponerse a toda la sociedad moderna significaba rechazar cualquier tentativa de modernización de la educación, de elevación social de la mujer mediante el acceso a la enseñanza, de todo lo que pudiera facilitar el contacto con el pensamiento liberal o con cualquiera otra manifestación de la cultura moderna.

Pío IX estaba, como se dice popularmente, «en lo suyo»: la lucha de la Iglesia católica, del Vaticano y del papado, por sobrevivir como un poder terrenal, como una potencia en Europa, equiparable al resto de tronos europeos y mundiales. Su misión era defender esa tradición y ese privilegio. El papado se encontraba en oposición relativa con el autoritarismo monárquico español desde Carlos V y Felipe II. Carlos V no solamente invadió y saqueó a Roma sino que impuso su dominio sobre el papado. Felipe II, por otro lado, estableció los límites del poder religioso y del poder político en España sobre la base del Patronato, es decir, del derecho de los monarcas a intervenir en el escogimiento de los arzobispos.

Aunque el papado se las arregló para establecer una convivencia muy difícil con el autoritarismo español y con el resto de los monarcas de Europa, la unidad italiana fue un golpe de gracia para la persistencia de sus privilegios. Por esta razón no podía acordarse de ningún modo con el *Risorgimento*, es decir, con el movimiento liberal que condujo a la unidad italiana. Una figura cristalizó toda la oposición al predominio papal y particularmente a la arrogancia dogmática del papa Pío IX: el conde de Cavour, quien puso fin al papado como un trono eminente en Europa. A partir de entonces el Papa no tiene sino un dominio restringido: el Vaticano. Roma ya no es suya. La unidad italiana no es solamente la unidad política de los distintos principados y ducados del norte y del sur; es, fundamentalmente, la incorporación de Roma al Estado italiano unificado. La capital de Italia ya no será Nápoles ni Milán, ninguna de las otras ciudades en que de manera itinerante se ejercía el poder. En adelante será Roma, y lo será contra el papado.

Los católicos integristas, los que se orientaban intelectualmente por la *Quanta Cura* de Pío IX, disponían de uno de los grandes libros de la reacción política internacional en la Edad Moderna: *Del Papa*, publicado medio siglo antes, en 1819, por Joseph de Maistre, gran escritor francés monarquista y contrarrevolucionario, libro que se convirtió en el breviario de los políticos integristas, vaticanistas y papistas que en Francia fueron llamados «ultramontanos». Esos ultramontanos eran los partidarios en Francia, luego en toda Europa, del poder que estaba tras los montes, ultra montes. Más allá de las montañas estaba el Papa, pero ese Papa, según los enemigos de los ultramontanos, no tiene ya poder terrenal alguno y ha de someterse al poder secular. En esta coyuntura, guiados por la *Quanta Cura* y el *Syllabus*, y con el libro de Joseph de Maistre como breviario, los ideólogos y periodistas ultramontanos se dispusieron a librar la batalla contra el liberalismo, contra toda la sociedad moderna.

Si eso ocurría en Francia, en Europa, podemos imaginar las consecuencias desastrosas que la oposición ultramontana a la modernidad habría de tener aquí. Con un clero semiculto y con unos intelectuales que carecían de ilustración suficiente para enfrentar críticamente los alegatos vaticanos, que tenían que defenderse en la arena política cotidiana —es decir, en las elecciones, en las provincias, en las asambleas, en el parlamento y en los cabildos— contra todo el ultramontanismo abroquelado en el poder en algunas provincias, particularmente durante el régimen federalista. Entre los ideólogos y periodistas ultramontanos hubo uno en Francia cuyo nombre sería de especial importancia para nosotros. Se trata de Louis Veuillot, director del diario *L'Univers* y autor de un libro pugnaz, *La ilusión liberal* (1866), que Pío IX reconoció como expresión de «todas» sus ideas. Veuillot era un ultramontano característico, un polemista sumamente diestro, conocedor de la historia de la Iglesia, de las encíclicas, en particular de la *Quanta Cura* y del espíritu que la informaba. Este adepto de las fuerzas contrarrevolucionarias de Europa fue uno de los modelos de Miguel Antonio Caro. Impulsado por esta ideología, Caro fundó en Bogotá en 1871 *El Tradicionista*, un periódico que tuvo como objetivo defender la doctrina católica, sobre las directrices de la *Quanta Cura*, contra las tesis del liberalismo, del utilitarismo, del positivismo, etc., contra las cuales escribió panfletos ortodoxos e ilustrados. Veuillot fue el modelo militante de Caro: lo invitó a colaborar en su periódico, de él imitó su arrogancia en la polémica, la osadía en el debate, la implacabilidad en el combate apologético contra los enemigos. Esto, desde luego, tendrá una proyección inmediata sobre el vasto clero del país, sobre la masa de los dirigentes conservadores, sobre buena parte de los grupos dirigentes. En *El Tradicionista*, siguiendo punto por punto los escritos de Veuillot, —entre otros uno sobremodo polémico titulado «El Partido Católico»—, Caro propugnó la fundación de un nuevo partido, el partido católico. Esto chocó, como tarea y realidad posible, con los intereses locales de los grandes señores territoriales de la propia agrupación ideológica a la que Caro pertenecía. Él mostró siempre una distancia, una reticencia. Rechazó, finalmente, llamarse conservador, y buscó caracterizarse como un individuo que determinaba su propio rumbo político, que era capaz de señalar a sus amigos más cercanos ese rumbo, y de imponerse con un peso específico propio. Su personalidad estaba al servicio de esa tarea sustentada por las ideas de Joseph de Maistre y Veuillot y estimulada por todas las corrientes de la reacción social, política y económica internacional. Su lucha contra el liberalismo, el positivismo y el utilitarismo no fue la discusión de la estructura interna de ese pensamiento; fue, predominantemente, una lucha de signo apologético.

¿Contra qué luchaba Caro? El enemigo estaba señalado nítidamente: era toda la sociedad moderna, como el *Syllabus* lo había indicado. ¿Había clases sociales entonces? No podemos admitirlo sino de una manera muy laxa: las clases sociales eran un magma. Lo que teníamos entonces eran estamentos o grupos, cuya unidad estaba dada por la función social o el ejercicio de una profesión u oficio, grupos o estamentos que conformaban la actividad de este pueblo vivo y, por lo tanto, articulaban este sistema de necesidades y dependencias de que venimos hablando como sociedad civil. Si no teníamos clases sociales en el sentido moderno, es decir, una clase industrial y una clase obrera, sino una aglomeración de estamentos ¿de quién era, entonces, portavoz Miguel Antonio Caro? ¿A quién prestaba su voz?

El Estado nacional estaba apenas en formación: sin caminos, casi sin escuelas, sin sistema de salud, sin sistema bancario, sin equivalente general de las mercancías, es decir, sin dinero oficialmente respaldado, etc., era apenas un proyecto en proceso, pero en proceso, de todas maneras. Si entendemos el concepto de nación como una unidad que no solo sintetiza las diferencias locales, culturales y económicas de una población en un territorio dado, sino también como una estructura en que predomina un modo de producción, entonces concluimos que no teníamos, en sentido estricto, nación. Históricamente, la nación se da concomitantemente con el desarrollo del capitalismo y es este modo de producción el que finalmente predomina. Es lo que vemos en Inglaterra, en Francia, y donde quiera la nación se va formando a medida que se afianza el capitalismo.

Aquí la nación se prefiguraba apenas en la actividad económica y en algunas manifestaciones del pensamiento político. Tenemos, por ejemplo, unas reflexiones que Sergio Arboleda escribió a propósito del Ejército, en contraste con la perplejidad que ante las Fuerzas Armadas mostraron los liberales en el siglo pasado y, al parecer, siguen mostrando en el presente.

Tampoco podría decirse que había mucha claridad en la dirección de la economía. En el problema de la inflación, por ejemplo, hubo que esperar hasta que Clímaco Calderón descubriera, en Inglaterra, cómo había una relación orgánica, directa y dinámica, entre el volumen de la producción y el volumen del dinero circulante. Antes, desde luego, todo esto se daba como objeto de discusión, o más bien de perplejidad. Ni en España ni en Francia se pudo entender este proceso de la inflación de manera cabal, mensurable, antes del siglo XVI, cuando se difundió el *Tratado sobre la naturaleza y mutaciones del dinero*, escrito en el siglo XIV por Nicolás Oresme, un científico y teólogo francés, considerado precursor de la economía política.

Los debates políticos y económicos versaban por lo común sobre lo fenómenico, eran aproximativos, teñidos de partidismo político y doctrinarismo. No existía pensamiento propiamente político y, sin embargo, se dejaba traslucir la angustia, la necesidad de precisar los términos del problema nacional y formularlos. En la actividad económica y en algunas reflexiones políticas se prefiguraban las formas del Estado nacional que nos conducirían a ser una nación moderna. Es decir, se esbozaba un rumbo que conduciría al predominio de un modo de producción que habría de ser, ineluctablemente, el capitalismo.

Es esto lo que vemos reflejado en el pensamiento de Caro. Si leemos sus escritos políticos, sus escritos económicos, sus debates, aparte del doctrinarismo y la apologética, veremos cómo percibía la realidad material y espiritual del pueblo vivo. Seríamos injustos si le pidiésemos el rigor o la exactitud que podía tener en su tiempo Littré, tan cercano a sus disciplinas lingüísticas, o alguno de los grandes positivistas ingleses o franceses.

¿Percibía Caro esta realidad material y espiritual con todas sus contradicciones? Es decir: ¿percibía esa contradicción del país entre el pauperismo precapitalista y las condiciones modernas de la producción? ¿Percibía cabalmente el sistema de necesidades y dependencias, es decir, percibía la sociedad civil de su tiempo? Por ejemplo, ¿alcanzó a percibir el papel dominante del dinero en ese sistema de necesidades y dependencias? Es lo que trataremos de ver a través de los textos, los debates, las polémicas.

Preguntas y comentarios

PARTICIPACIÓN 1 (WILSON LADINO): Quiero referirme al tema de los indígenas, de la cultura indígena, en particular de los dialectos indígenas. Se ha subrayado aquí cómo la nación se conformó a partir de un modo de producción, el capitalista, el cual va subsumiendo y determinando todos los demás modos. Y se ha dicho que había una coexistencia de modos o formas de producción, de una técnica rudimentaria al lado de técnicas más avanzadas. ¿Cuál era el peso específico en ese periodo de la cultura indígena?

D. M.: Esto es un proceso y así debemos verlo, entre otras cosas, para comprender las limitaciones, los apresuramientos y los errores. Hubo desde la Colonia esfuerzos por estudiar la cultura indígena: algunos sacerdotes nos dejaron estudios de las lenguas indígenas como, por ejemplo, la gramática chibcha (1619) del padre fray Bernardo de Lugo, la única gramática de una lengua indígena conocida aquí durante la Colonia y los primeros tiempos de la República. Fueron los misioneros los encargados de recoger esos dialectos, esas lenguas legendarias. En el tiempo de Caro esto era sobre modo débil. No había estudios propiamente etnográficos, no digamos antropológicos. Las descripciones eran sumamente empíricas y de ellas se encargaban algunos de los costumbristas, los primeros novelistas, algunos viajeros.

No podemos decir que hubiese un propósito de Estado para conservar o estimular estas lenguas, por el contrario, uno puede ver algunas tendencias, impulsadas por el positivismo, a desecharlas, a pasar por encima de ellas, a considerarlas un lastre. Tal tendencia es clara en todo el continente: en Argentina, en Chile, en Colombia. Bajo la influencia del positivismo estas lenguas no se consideraban lenguas de cultura y se las veía como un obstáculo para la conformación y elevación cultural del pueblo.

Los problemas que habrían de plantearse luego, contemporáneamente, no se plantearon entonces; tampoco los problemas ecológicos, salvo por uno que otro escritor casi siempre con el ánimo de oponerse a la Revolución industrial o a la Revolución burguesa. Como ustedes saben, los primeros grandes teóricos de la ecología fueron los escritores contrarrevolucionarios de Francia. Insisto en que debemos esforzarnos por ver esto como un proceso. Como Hegel diría, «el pueblo vivo va ascendiendo», el pueblo vivo va conformando sus condiciones de vida, sus valores, su Estado, va haciendo su historia, va haciendo su país, va conformando su territorio, sus clases, etc. Esto es un proceso. Pedir que en el tiempo de Caro hubiese aquí pensadores tan lúcidos como los enciclopedistas, por ejemplo, es algo injusto, completamente anacrónico. Pero sí podemos advertir claramente un esfuerzo muy persistente por entender o plantearse el país. Ustedes pueden ver en el costumbrismo el primer gran esfuerzo coherente en este sentido. El costumbrismo, que es coetáneo de

Caro, es la primera descripción real, diríamos científica en algunos aspectos, del país.

P. 2: ¿Cómo se proyectó el problema de la unidad italiana y del dominio papal sobre el pueblo latinoamericano?

D. M.: El papado proyectó el problema de la unidad italiana sobre todo el pueblo católico. Una de las consignas de *El Tradicionista* fue: «Roma es del Papa», no es parte de Italia, como afirmaba Cavour. Y nosotros en Colombia, nosotros los pastusos, los santandereanos, los costeños, que nos acogimos a esas directrices, luchamos porque Roma fuera del Papa. Esto se decía en *El Tradicionista* pero en la práctica era la ferocidad del canónigo Ezequiel Moreno, un obispo español atrincherado literalmente en Pasto. El obispo Moreno condenaba el liberalismo como pecado, no porque a él se le ocurriera, sino porque la *Quanta Cura* así lo enseñaba: llegó incluso a chocar con Caro, cuando ya era presidente, exigiéndole que pusiera todo el aparato del Estado al servicio de la represión contra los liberales. La huella de Ezequiel Moreno y de la brutalidad del clero militante bajo la guía de la *Quanta Cura* es algo que se proyecta hasta la violencia de este siglo. Comúnmente se elude eso en el debate político en Colombia; pero si se olvida cuan determinantes han sido esos elementos ideológicos se atribuirá entonces la violencia a la mala índole del pueblo o a su condición miserable.

P. 3: ¿Cómo se proyecta en nuestro país la lucha contra los partidarios de la modernidad?

D. M.: Hay que entender el carácter militante de los liberales radicales, radicales contra el clero, no en defensa del ateísmo, pues no eran ateos, sino, simplemente, como anticlericales. Del mismo modo como se puede asegurar que en el siglo XVI no podía haber ateísmo en Europa —y que el ateísmo solamente surgió allí sobre la base de una explicación científica y materialista del mundo, a partir de Descartes, en el siglo XVII—, aquí podríamos decir que no había ningún intelectual del liberalismo que, de veras, pudiera sustentar la posición materialista. Algunos lo decían, pero eso era retórica. Ellos no tenían evidentemente una manera de explicarse el mundo de modo científico. Aquí la cultura general, y la cultura científica en particular, eran muy precarias. Si en el siglo XVI europeo lo que había era blasfemias, no una concepción materialista del mundo, lo mismo sucedía con los liberales nuestros en el siglo pasado. Pero sí tenían un sentido de la independencia del Estado, de lo que querían como Estado. Por eso aquí fue tan popular el liberalismo italiano, no solo la figura de Garibaldi que era ya una figura plástica del arte popular, sino también Cavour, quien dirigió todo el proceso de la unidad italiana.

P. 4: ¿Fueron deformadas y manipuladas ideológicamente algunas tendencias cientificistas de Francia, como el positivismo, en Colombia y América Latina?

D. M.: Esas tendencias se conocieron, sí, mas no se asimilaron; se conocieron fragmentariamente y ese carácter fragmentario impedía que fuesen utilizadas para el análisis de la sociedad, para la explicación del mundo. Además, se deformaron ideológicamente, quizás por mala asimilación, y quizás también por un aprovechamiento ideológico por parte de algunos grupos. Es un análisis que habría que realizar: cómo y por qué entre nosotros predomina la ideología sobre la ciencia, cómo en el análisis o en la crítica científica, por ejemplo, difícilmente se puede discernir lo que es ciencia de lo que es ideología.

Hemos visto lo que ha ocurrido con un pensamiento como el marxismo, por ejemplo. Los propagadores o propagandistas del marxismo aseguraban que esta era una ideología de la clase obrera, lo cual ya ponía elementos distorsionantes. Ese elemento distorsionante llevó al muro de Berlín, como se evidenció en la catástrofe socialista. La economía de una sociedad no se puede dirigir ideológicamente. Se puede conducir abusivamente hasta cierto punto, pero eso es todo. En toda gran concepción científica o filosófica hay, parasitariamente, ideología. Lo que Marx, refiriéndose a Hegel, llamó «el grano racional», debe ser separado de la ideología. Esta debe ser, en lo posible, separada del cuerpo de la ciencia misma, de su lógica interna, de los problemas de método. En nuestro país, como en todas partes, la crítica científica tendría que diferenciar muy bien, separar muy bien, el grano de la paja.

Mire usted todas las confusiones que hay alrededor de la teoría de Keynes, mire usted todo lo que se discute a propósito de la apertura económica, para hablar de algo que nos toca hoy vitalmente. Luis Ospina Vásquez dice que los grandes sistemas de pensamiento económico se han asimilado aquí de una manera fragmentaria, como siempre ha sucedido. De allí que, probablemente, una de las tareas de la enseñanza superior sea lograr que las ciencias, en todos los órdenes, se asimilen debidamente, como estructuras de pensamiento, como estructuras lógicas; de lo contrario cualquiera puede leer en su casa, sin necesidad de desplazarse a la universidad.

P. 5 (ALBERTO MAYOR MORA): A propósito de Keynes: he estado buscando la obra completa pero parece que nadie, ningún economista en Colombia la tiene.

D. M.: Este es un testimonio importante. De este desconocimiento provienen muchas confusiones y distorsiones. Se toman fragmentos aprendidos en traducciones y se practican en el Estado. La unidad se escinde. Y a esto lo llaman pragmatismo: «Como en el momento lo aconsejable es esto, prescindamos de esto otro». «Vamos a aprovechar los elementos positivos de la situación presente», como si los elementos positivos se pudieran divorciar de lo que convencionalmente se llama «elementos negativos», que son parte estructural de la totalidad. Todo esto es un signo de nuestra cultura. Además, por lo que podemos leer en los periódicos, ahora están discutiendo mucho a Adam Smith. Yo también quisiera saber quiénes han estudiado de veras, de veras, la obra entera de Smith, sin eludir sus reflexiones morales.

P. 5 (WILSON LADINO): Una de las preocupaciones es cómo hacer en Colombia un análisis desde la perspectiva de una cultura práctica y una cultura teórica, y cómo particularmente la cultura teórica ha sido descuidada hasta el punto de que, según la expresión de Ospina Vásquez que recordaba ahora el profesor Mesa, «ni siquiera en materia de traductores hemos sido afortunados». Ni siquiera hemos tenido oportunidad de conocer un gran pensamiento en un idioma distinto como el alemán o el inglés o el francés. En Colombia se habla mucho de cultura política, pero por cultura política se entiende, generalmente, información sobre tendencias ideológicas, es decir sobre esos énfasis y preocupaciones particulares de grupos determinados. No hay asimilación de una cultura teórica política, enriquecida por la asimilación de pensadores sólidos como Hegel o Aristóteles, o ciertos pensadores occidentales, que son el súmmum de la reflexión sobre la política. Esto acarrea deficiencias para la conformación del Estado.

D. M.: Y eso ha tenido consecuencias múltiples en la vida política colombiana. En mi opinión, un caso muy dramático fue el de don Marco Fidel Suárez, un hombre muy opaco, si se quiere. Sin embargo, él tomó en su tiempo una medida que aseguró para el país la propiedad del petróleo, declarando bienes del Estado, bienes nacionales, las fuentes del subsuelo. Eso estaba inspirado en la mejor tradición del autoritarismo español y de los reyes absolutos de España en el siglo XVII, porque él estaba imbuido de ese pensamiento, y fue para la construcción del Estado una medida fundamental. Pero hay que ver las infamias que llovieron sobre él, hasta el punto cruel de movilizar lo que entonces teníamos de Corte Suprema de Justicia para invalidar esa medida, hasta hacerla casi nugatoria. Una medida que la teoría política habría señalado como absolutamente imprescindible para quien quisiera consolidar la vida del Estado sobre el territorio.

El pensamiento de Caro sobre la moneda

DADA LA INTENSIDAD DE la contradicción entre el país precapitalista y las condiciones modernas de la producción que Caro estaba, de alguna manera, percibiendo, podemos preguntarnos hasta qué grado comprendió el carácter determinante del dinero en el sistema de necesidades y dependencias de los individuos que conformaban la sociedad civil colombiana en el último cuarto del siglo XIX.

Cuando Hegel nos habla del pueblo viviente que de manera natural establece este conjunto de relaciones advierte, ya desde sus primeros escritos, que el elemento que encarna el grado de interdependencia de los distintos individuos, corporaciones y agrupaciones en general, y se va convirtiendo en eje de la sociedad civil es precisamente el dinero. En aquel tiempo, en que Hegel estaba estudiando economía política inglesa, tal intuición se desarrollaba paulatinamente hasta convertirse en el concepto que quedaría expuesto a la altura de 1821 en su *Filosofía del derecho*.

Para nosotros, no se trata de establecer un paralelismo, imposible quizás históricamente, sino de ver cierto grado de esencialidad en los problemas. Es decir, pasando por encima de las diferencias puramente fenoménicas, de lo que se puede presentar con distintos matices en Inglaterra y en Colombia, nos interesa ver si hay un elemento esencial presente también aquí, en el proceso de la sociedad civil colombiana de aquel tiempo. En otros términos: si el fenómeno que se dio de modo natural en Alemania e Inglaterra se da también aquí, de una manera seguramente precaria, retrasada, amortiguada, con características colombianas distintas de las europeas, es natural preguntarse si hay un elemento esencial en la base de este fenómeno.

Planteamiento del problema

Uno de los puntos más estimulantes en el examen de este periodo es comprobar que Miguel Antonio Caro, en aquel tiempo y en este país sumergido en el pauperismo precapitalista, logró enterarse de los grandes debates económicos y políticos que se desarrollaban a propósito de la moneda en países como Inglaterra, Francia y Estados Unidos. Fue capaz, en primer lugar, de conseguir los libros, lo que desde el punto de vista material en aquel tiempo era una hazaña; basta pensar en lo que serían entonces (nos consta por los relatos) las vías de comunicación, los correos, etc. Nos encontramos con que, a pesar de las difíciles condiciones en que el país vivía, a pesar de la casi inexistencia de las comunicaciones, obstaculizadas además por las guerras civiles, a pesar de la precariedad de la vida intelectual de ese momento, un individuo como Caro logró aprehender los términos fundamentales del debate: las informaciones pertinentes, la entidad de los autores comprometidos en él, los problemas a que cada uno de ellos se refería.

Caro estaba, desde el punto de vista teórico, quizás mejor informado que la mayoría de los colombianos empeñados en el debate y en las tareas prácticas de la construcción de la economía. Basta, por ejemplo, comparar su grado de ilustración económica con el que demuestran Miguel Samper, Salvador Camacho Roldán, o tantos otros implicados en la discusión de entonces. Algunos de ellos eran ministros, hombres de negocios, individuos que habían podido viajar al exterior, conseguir los libros y quizás no los consiguieron. El hecho es que Caro estaba incluso mejor informado que José María Samper, un intelectual que había vivido en Europa.

Esto es, a mi ver, un aspecto especialmente singular de la personalidad de Caro, solo comparable a la singularidad de Rufino

José Cuervo. Me llama particularmente la atención que, después de la fundación del Banco Nacional en 1880, Caro hubiese podido comprender que en la sociedad civil de entonces había un elemento clave del que dependía prácticamente todo lo demás: pudo concebir el problema del dinero como un sistema. Decir «como un sistema» significa que él examinaba este problema, no como un asunto exclusivamente empírico, que se puede afrontar pragmáticamente, sino como algo que debía ser puesto en un contexto económico, político, jurídico, cultural, etc., lo cual, sin decirlo, sin alcanzar la nitidez del concepto, sugería la concepción de una sociedad civil en Colombia.

A pesar de que la sociedad civil colombiana de finales del siglo XIX era miserable en muchos aspectos —precaria técnicamente, con industria inexistente y culturalmente subdesarrollada—, Caro logró ver en qué consistía esencialmente el problema de la moneda. «Esencialmente» quiere decir que él no se detuvo meramente en el fenómeno sino que pasó a través de las apariencias hasta asir el hilo conductor de todo el proceso. Ese hilo conductor le dio no solo la claridad de la concepción sino la fuerza misma de la expresión en su propio idioma.

Carlos Lleras Restrepo escribió en el prólogo a una recopilación de artículos de Miguel Antonio Caro sobre cuestiones económicas, publicada originalmente en 1943 en conmemoración del centenario de su nacimiento:

> La facultad de emitir billetes, la consagración del privilegio de emisión a favor del Estado, la naturaleza del papel moneda, la convertibilidad y el curso forzoso, fueron en los últimos años del pasado siglo temas que despertaron las más vivas polémicas en Colombia. El problema principió a plantearse, con las características que más tarde lo distinguieron, a partir de la fundación del Banco Nacional [...]. Don Miguel Samper asumió entonces la posición opuesta al monopolio de la emisión. Hoy cuesta trabajo leer sin una definida sensación de anacronismo las páginas en que él expuso sus ideas.[1]

---

1 Carlos Lleras Restrepo, «Introducción», en Miguel Antonio Caro, *Escritos sobre cuestiones económicas* (Bogotá: Publicaciones del Banco de la República, 1956), V.

Recordemos que Rafael Núñez, electo como presidente por segunda vez para un periodo de dos años, después de derrotar una rebelión armada en 1885, declaró el final del régimen federal y la caducidad de la Constitución de 1863. Acto seguido, convocó a un Consejo Nacional de Delegatarios representantes de los diferentes estados con el fin de acordar las bases de una nueva Constitución. Caro, delegatario del estado de Panamá, fue elegido como redactor del proyecto de Constitución. Y es aquí donde se despliega la gran obra del pensador político. Respecto a la moneda, su posición se expresa claramente en la comunicación enviada a los delegatarios a finales de abril de 1886: «Entre las facultades privativas de los gobiernos está la acuñación de la moneda, y consiguientemente, la circulación de billetes que la sustituyen y desalojan, como también el establecimiento de bancos nacionales privilegiados, y la alta inspección sobre las instituciones particulares de crédito». A continuación señala los dos obstáculos que entorpecieron la acción del Banco Nacional, fundado en 1880 durante el primer bienio de Núñez: el primero, la «errónea teoría» defendida por «todos aquellos que anhelaban levantar su interés particular sobre el interés común, y con ellos los escritores políticos de oposición, hostiles a cuanto pudiese robustecer la autoridad». El segundo, «la dualidad de la legislación»: «En 1880 el legislador encontró bancos que por leyes de los Estados disfrutaban de privilegios insólitos, y no pudo reivindicar para el Gobierno, de un modo franco y terminante, los derechos que en esta materia le corresponden»[2].

La lucidez de Caro

En sus *Escritos sobre cuestiones económicas* (1956), redactados entre 1890 y 1903, Caro defiende, como pensador y político, la obra de la Regeneración en materia monetaria. Empieza por mostrar

2 Miguel Antonio Caro, «Establecimientos de crédito. Informes en el Consejo Nacional Constituyente», en *Obras Completas*, vol. VII, *Labores legislativas y estudios jurídicos* (Bogotá: Imprenta Nacional, 1942), 107-108. [Abril 29 de 1886].

cómo «la producción global del país *requiere* un equivalente monetario». Observen ustedes el giro que hemos resaltado. Tengamos en cuenta que Caro no es un economista, pero al llegar a este punto él ya había pasado —lo digo deliberadamente porque tuvo consecuencias en la conformación de su espíritu— por la escuela de los clásicos y particularmente por el pensamiento latino: tradujo toda la obra de Virgilio y estudió las letras latinas con una asiduidad sin paralelo en Colombia. Probablemente eso adecuó su espíritu para distinguir los matices, para poder captar y expresar el peso específico de cada uno de ellos en el conjunto de la reflexión; para tener lo que Pascal llamó en el siglo XVII el «espíritu de sutileza», ese *esprit de finesse* sin el cual la ciencia moderna no podría existir.

Como es bien sabido, Pascal señaló dos elementos fundamentales en el ejercicio de la ciencia moderna: el espíritu de geometría y el espíritu de sutileza. El espíritu de geometría es la capacidad para ir desde los principios generales hacia la esfera en que viven los hechos y poder elevar después esos hechos a principios generales. El principio de sutileza es el que permite al científico establecer las relaciones entre los distintos elementos componentes del fenómeno, sin exagerar, sin aminorar, atribuyendo a cada uno de ellos su peso específico y su función dentro de la totalidad.

Esto no puede pasarse por alto en el examen de una personalidad como Caro, habida cuenta de que en la historia, desde siempre y particularmente a partir del siglo XVII, se confirma cómo aquellos grandes científicos que han hecho con sus manos y su espíritu la ciencia moderna pasaron por la forja de las letras clásicas, por la forja del espíritu de sutileza en esta reflexión sobre la gramática, la poesía, el arte y la cultura en general. Y esto consta en los documentos. Estoy pensando particularmente en Lavoisier. Millares de experimentos de los alquimistas, millares de pruebas de laboratorio, toda la experimentación química durante los siglos XVI, XVII y XVIII, todo esto existía en el momento en que apareció Lavoisier, armado con la balanza para hacer mediciones precisas, con unas matemáticas adecuadas para expresar los resultados y, sobre todo, con el *esprit de finesse* y el espíritu de geometría que le permitieron ir de los hechos singulares a los principios generales y volver después a los hechos singulares, saber distinguir los matices y establecer las relaciones entre todos los elementos. Sobre estas bases Lavoisier logró crear en el siglo XVIII la química moderna, con una nomenclatura y un método propios, señalando así caminos para el desarrollo de esta ciencia durante todo el siglo XIX. Es el descubrimiento concreto de que «lo real es racional y lo racional es real», como dijo Hegel.

Y, a mi ver, es el espíritu de sutileza lo que confiere ventaja a Miguel Antonio Caro: se manifestó en su ductilidad, en su mayor capacidad para penetrar en el examen de los problemas jurídicos, en la precisión con que redactó las fórmulas constitucionales, en la exactitud con que señaló los puntos definitorios del problema de la moneda. Decir que «la producción del país requiere un equivalente monetario», que es necesario saber si se dispone de la moneda suficiente, o si ha de ser aumentada o restringida, puede parecer hoy una banalidad, pero en aquel momento, para los colombianos, era la afirmación de una necesidad económica y política. Cuando los bancos particulares y algunas grandes empresas tenían el privilegio de emitir sus propios billetes, muchos consideraban que no era necesario sino, por el contrario, nocivo que el Estado acometiera la tarea de garantizar la masa de dinero circulante acorde con la masa de la producción.

Paralelamente, Caro afrontó la discusión acerca del bimetalismo, discusión desarrollada sobre todo en Inglaterra en la segunda mitad del siglo XIX. ¿Metalismo o bimetalismo? Caro no se detuvo en esto; para él no se trataba de definir si nuestra moneda había de ser predominantemente metálica o únicamente metálica, como abogaban Miguel Samper, sus amigos y en general los liberales. Lo fundamental era que se necesitaba moneda y, como no se disponía en ese momento de metal suficiente, no se podía frenar la economía adhiriéndose, exclusivamente, a una moneda metálica; era necesario crear el papel moneda.

El papel moneda es un signo, por supuesto; no tiene un valor intrínseco, su valor no reside en su contenido tangible. Pero incluso la moneda metálica es «representativa» y su valor no radica en el metal precioso de que está formada. La moneda, dice él, es «símbolo de crédito o fuerza moral», es una «institución social», es decir, en ella no solo están representados intercambios concretos y mercancías reales sino todo un sistema de valores, una moral.

Los metales preciosos monetizables aparecieron como un problema esencial en nuestra realidad nacional. Ya los países europeos y Estados Unidos habían tenido una experiencia aleccionadora con el problema del metalismo de sus monedas. En la segunda mitad del siglo XV escaseó el oro, particularmente en Europa occidental, a causa del control turco de la cuenca oriental y occidental del Mediterráneo. Y con la escasez del oro se produjo una contracción de la moneda, moneda que venía, en sentido contrario, expandiéndose por las ciudades florecientes de la última Edad Media. Esta contracción del metal determinó inmediatamente una suerte de estancamiento de todo el comercio y, sobre todo, de las grandes empresas artesanales de que estaba viviendo la nueva civilización europea. El proceso de formación de una nueva clase, empresaria y capitalista, iniciado en el siglo XII, acentuado en el XIII y que asciende en el XIV, fue limitado extraordinariamente por la escasez de metales monetizables.

El descubrimiento de América puso fin a esto, sobre todo con el río de oro y plata que afluyó a España, Holanda, Francia, e Inglaterra, a mediados del siglo XVI, con consecuencias internacionales diversas. Para los países que tenían una base artesanal considerable, y empezaban a avizorar la organización manufacturera del siglo XVII, este río de oro y plata fue, casi literalmente, el aire vivo, la sangre misma, para todo su sistema económico.

En el siglo XIX Marx señaló que el descubrimiento de las minas de oro de California, hacia 1858, fue un fenómeno comparable al descubrimiento de la minas americanas del siglo XV porque dotó a toda la producción capitalista de ese momento —particularmente inglesa, francesa y norteamericana— del elemento que requería para su expansión, es decir, de un equivalente general del conjunto creciente de mercancías.

Caro comprendió la esencialidad del problema: la equivalencia entre el dinero, las mercancías y los servicios creados. Miguel Samper y José María Samper no comprendieron o no expresaron tan nítidamente esa relación como Caro— a pesar de que su formación no era la de un economista sino la de un hombre que venía de las letras clásicas, la política, la teología y las discusiones doctrinarias—. Caro afirmó una y otra vez en artículos de prensa, debates parlamentarios, documentos de Estado, como vicepresidente y luego como presidente, que el papel moneda era requerido en un país como el nuestro (y subrayaba esto: en nuestro país, no en Inglaterra o Estados Unidos), un país carente de metal monetizable pero deseoso y necesitado de dinero circulante en cantidad suficiente para invertir en la producción y estimularla; «se requiere la moneda», una moneda cuya validez es garantizada por el Estado al recibirla en pago de impuestos y de servicios.

Para asombro de quienes leen hoy esos textos de Caro, es evidente que él se guió fundamentalmente por un estudio de William Stanley Jevons titulado *Money and the Mechanism of Exchanges* (1875). Jevons fue un lógico matemático y uno de los grandes teóricos del marginalismo cuya influencia sobre todo el pensamiento económico fue notable hasta bien entrado el siglo XX y quizás sea percibida todavía en las formulaciones modernas del liberalismo. Sin embargo, en aquel momento, era quizás conocido solo por una escasa élite de colombianos, dentro de la cual no se contaban, al parecer, ni José María Samper ni Miguel Samper.

Conocer a Jevons en aquel momento en Colombia constituye, ya de por sí, un hecho digno de investigar. Caro reconoció explícitamente que tuvo acceso al libro de Jevons en edición francesa, probablemente dentro de una serie de libros sobre economía y política general a la cual estaba suscrito. Caro citó de manera exacta, sobre modo pertinente, las palabras de Jevons acerca de la moneda y, apoyándose en él, afirmó: «los principios de la economía política no pueden ser aplicados mecánicamente en cualquier país, sino que requieren una adecuación», es decir, requieren una valoración de las necesidades concretas —de lo que Hegel llamó «sistema de necesidades y dependencias»—, o sea, para su aplicación requieren un análisis preciso de la sociedad civil.

Si la estructura de esa sociedad civil, lo que Marx llamó su «anatomía», no es estudiada de manera concreta, singular, se la conducirá a una catástrofe económica. Esta es la primera lección que Caro aprendió de Jevons: quien pretenda aplicar los principios de la economía política de manera exacta y doctrinaria, en Inglaterra, España o Colombia, llevará a estas sociedades ineluctablemente al fracaso. La segunda lección que Caro aprendió de Jevons fue que, si bien es muy difícil precisar anticipadamente qué masa de moneda requiere un país, lo cierto es que se requiere una masa de moneda adecuada al volumen de las mercancías. Por supuesto, el pensamiento económico en el tema monetario ha avanzado considerablemente como para permitir la precisión relativa de esa masa, pero en aquel tiempo esto era prácticamente imposible. En ese momento el metal disponible en el país era escaso pero hubo una expansión considerable en la sociedad civil. Entonces Caro comprendió que era necesario aumentar la masa de dinero y la única manera posible era implementar el uso del papel moneda. Caro defendió entonces el papel moneda en oposición a la mayoría de los intelectuales del liberalismo y de algunos de su propio grupo político.

Nominalismo y realismo en el debate monetario

Otros autores citados por Caro, hoy casi olvidados o conocidos solo por especialistas, tuvieron influencia considerable en él y le mostraron el predominio creciente del papel moneda. Le mostraron cómo el metalismo y el bimetalismo limitan las economías que se adhieren a ellos y cómo lo que importa realmente es el signo monetario, es decir, la moneda concebida de modo nominalista, no realista. Fíjense en esto: el viejo debate del cual surgió la ciencia moderna en la Edad Media, la controversia entre el realismo y el nominalismo, apareció también en nuestras discusiones nacionales, no con esos mismos términos ni con la misma ardentía, pero prácticamente con la misma significación.

¿Qué tenemos en la moneda? ¿Es una esencia o solo un signo? Caro, apoyándose en Jevons y en algunos autores franceses, no dudó en afirmar que la moneda es meramente un signo y se adhirió al nominalismo que le permitió disponer de un amplio campo de maniobras en la reflexión económica y, sobre todo, en la dirección de la economía. Caro se adhirió a este signo porque vio en él la cristalización del respaldo del Estado conjugado con un volumen de la producción, dentro de un sistema dinámico de necesidades y dependencias. Estuvo de acuerdo con aquellos autores en que la Edad contemporánea está marcada por el predominio en el mercado del papel moneda, del signo, y no de los valores materiales mismos. Un conjunto de papeles bancarios, cheques, cuentas corrientes, es lo que determina el nuevo rostro de la sociedad civil en el ámbito del mercado, de la circulación de mercancías.

A propósito de las discusiones sobre la moneda, Caro esbozó unas reflexiones sobre el concepto de *valor*, mostrando cómo los signos monetarios son apenas signos del valor, no el valor mismo. No podemos deducir a partir de estos textos que él tuviese una noción del valor equiparable a la de Adam Smith o David Ricardo, mucho menos a la de Marx, pero el problema del valor y su relación con la moneda están sobre el tapete. A juzgar por los libros y las citas aducidas, careció quizás de suficiente ilustración para plantear este problema desde el punto de vista estrictamente económico y lógico. El tema del «tiempo» como fundamento del valor, desarrollado por Ricardo y Marx, no fue asequible a Caro, pero al menos conoció sus términos elementales. Ese conocimiento parcial, intuitivo, lo indujo a ver en la moneda solo un signo, no el valor en sí mismo. Basado en esto afirmó lo que para él era ya una verdad demostrada por la práctica: la necesidad de crear una moneda de papel, a toda costa. Al comentar la creación del Banco Nacional, con el monopolio de la emisión de moneda, Caro advirtió cómo los bancos de las distintas provincias, que se habían adherido al bimetalismo, apenas alcanzaban a reunir el metal necesario para cubrir el valor legal de cada cifra monetaria. Cada billete, cada peso, tenía un equivalente en oro o plata, sin embargo, las distintas casas comerciales o bancos privados que estaban emitiendo moneda, por la escasez de metal, difícilmente alcanzaban a cubrir esto.

Caro refutó insistentemente la tesis según la cual el papel moneda es deuda pública. Explicó cómo cada billete de banco es redimible legalmente pero no es una deuda a cargo del Estado, ni del banco que emite los billetes, de ninguna manera, sino un signo monetario, un signo de valor, a cambio del cual quien lo posea puede adquirir las cosas que desee. Los particulares, los bancos o el Estado respaldan el signo monetario con una serie de bienes y servicios, pero no es algo que pueda ser considerado una deuda. Esto constituirá uno de los motivos de discusión más arduos, más largamente expuestos en todos los debates.

Fue en este contexto cuando Caro, quien se negó a llamarse conservador y evitó insertarse en el partido, se enfrentó a lo que llamó los intereses particulares. Reaccionó en contra del individualismo exagerado, acentuado por algunos pensadores radicales y liberales, para afirmar la potestad del Estado, cuyo ejercicio lleva directamente a la defensa del interés público y a la limitación concomitante de los derechos individuales. Se opuso, en nombre del predominio del Estado, a todas las alegaciones de los intereses particulares que ven en esta afirmación del Estado un límite a la libertad individual, tal como la concebían los radicales bajo el impulso romántico. Caro buscó entonces el equilibrio que debe existir entre el individuo y el Estado y, aún más, entre el interés del individuo privado y el interés colectivo de la sociedad civil. Caro supo que esto era algo que debía ser establecido, con claridad lógica y jurídica, en la Constitución del país.

Así empezamos a ver cómo Caro, nominalista en el sentido monetario, tiene una apreciación de la realidad económica mucho más viva y cuidadosa que otros dirigentes de su propio partido o los intelectuales del liberalismo. Esto es evidente, por ejemplo, cuando discutió la propuesta de directriz económica del gobierno del doctor Rafael Núñez: el límite de los 12 millones. Ante la inflación creciente, determinada por la emisión privada de dinero, Núñez prometió el 4 de junio de 1887, día de su posesión como presidente de la República ante el Consejo de Delegatarios, no emitir un peso más allá de 12 millones que, según él, requería la economía nacional. Sin embargo, Caro se mostró más realista. No se comprometió con esto; dejó que Núñez esbozara su programa, que se comprometiera en su discurso, pero él sabía ya que todo dependía de la dinámica de la producción y del mercado. Si la producción iba a mantenerse estancada no se requerían más de 12 millones, pero si se abrían nuevas minas, nuevas haciendas, si se establecían nuevos negocios, si el comercio internacional o interno se expandían, la magnitud del dinero circulante tendría que cambiar. No era realista, *a priori*, comprometerse a mantener una masa de dinero que convencionalmente se había fijado en 12 millones. La historia posterior muestra cómo el abuso del sistema del papel moneda, uno de los mayores abusos en la historia económica de ese tiempo, causó gravísimos males al país, entre ellos, una inflación sin precedentes. Los gobiernos acudían a la emisión de papel moneda, no solo para tener un equivalente de la producción, sino, sobre todo, para cubrir los gastos completamente improductivos, pero urgentes, de la guerra. Caro increpó duramente a los responsables de este vértigo emisor en 1903: «Ellos fundaron la litografía nacional como institución permanente, establecieron la producción continua de papel moneda, en forma rudimentaria expuesta a falsificaciones».

Llama la atención la insistencia de Caro en que los principios de la economía política deben afrontar la heterogeneidad de las situaciones concretas y, por lo tanto, han de ser tomados solamente como directrices, como principios, como lo hace toda ciencia. Este es uno de los rasgos distintivos de Caro. Recordemos que él era un individuo educado en las más altas disciplinas de las letras clásicas, un traductor de Virgilio —según Marcelino Menéndez Pelayo, hizo la mejor traducción de la *Eneida* hasta entonces—. Para alguien que había podido discernir y poner en relación todos esos matices no podía ser indiferente lo que veía en el horizonte del país como tendencia. Con clarividencia se opuso a todos los que abogaron por una aplicación doctrinaria de los principios económicos. Caro comprendió que lo decisivo no es solo el análisis de la situación presente, sino, ante todo, el examen de las tendencias manifestadas en esta realidad. Era la lucidez de un dirigente político que algunos consideran como el primer intelectual que la nación haya tenido.

En un artículo muy resonante, «Ignorancias de la ciencia», en discusión con Samper y otros antagonistas, Caro afirmó que ellos eran prisioneros del dogmatismo. Según Caro, la ciencia tiene límites: si un científico y lógico como Jevons reconocía que el problema de determinar la masa de dinero requerida por cada país es insoluble, con mayor razón debemos admitir que no podemos calcular de manera exacta qué masa de dinero necesitamos en un momento u otro. Sin embargo, en ese entonces, para Caro era necesario e indiscutible el aumento de la masa de dinero. El reconocimiento de los límites de la ciencia no lo lleva a su negación ni al «escepticismo estéril». Afirmó —con un optimismo que provenía quizás de la fuerza que experimentó en la aplicación de sus conocimientos teóricos de economía y política a la dirección de la sociedad— que la ciencia es fundamental, que ella «enriquece el entendimiento» y «nos da un criterio de probabilidad», a pesar de «la impotencia de los recursos científicos para dar soluciones absolutas y generales a ciertos problemas económicos», a pesar de que «la ciencia no confiere la infalibilidad ni el don de la profecía». Estas palabras suyas, en ese contexto, revelan la agudeza de su mente. Es un criterio de probabilidad, no un criterio de seguridad y certeza.

Las leyes de tendencia, o leyes probabilísticas, ya empezaban por entonces a imponerse en la física; Marx las incorporó desde el primer tomo de *El capital*. Para los científicos esto requirió la aplicación de una rama nueva de la matemática: el cálculo de probabilidades. En este sentido, la concepción de Caro estaba acorde con las tendencias de la época. Él sabía que más allá de lo que la ciencia puede demostrar o calcular, hay una serie de factores, unas esferas de realidad, que es necesario explorar guiados por este cálculo, por estos criterios de probabilidad.

Uno de los mayores escritores de la contrarrevolución francesa, que ya hemos mencionado, Joseph de Maistre, hizo una crítica a los teóricos y prácticos, tanto ingleses como franceses de entonces, que, de una manera mercantilista, abogaban por basar toda la actividad económica de la sociedad sobre la posesión de dinero metálico. Caro, que desde el punto de vista teológico y político es más afín a de Maistre que a los economistas liberales ingleses, descubre allí una verdad de la economía política útil para nuestro país: el dinero metálico no es propiamente la riqueza y la riqueza consiste en un complejo más vasto que no es reductible al dinero metálico. De Maistre, el gran reaccionario francés, le enseñó a Caro, a través de su *Ensayo sobre el principio generador de las constituciones políticas* (1814), esta verdad económica que él convirtió en un arma polémica contra Samper y contra todos sus contendores liberales en el parlamento y la prensa. Caro afirmó que el mundo comercial está en «[...] el periodo de los depósitos, cheques, cuentas corrientes y predominio de la moneda bancaria, de la moneda de papel, de la moneda-signo, de la moneda, digámoslo así, espiritualizada». La moneda «espiritualizada», ¿no es la expresión del más puro nominalismo monetario? «La circulación metálica exclusiva representaría el atraso, el aislamiento y la ruina del país».

Uno de los aspectos más lúcidos del pensamiento de Caro es su concepción del papel moneda, no como deuda que urge amortizar, sino como un *sistema*. «Este es el concepto nacional, científico, del papel moneda». Y agrega en su artículo «Punto de vista»:

> Ni el capitalista entendido ni el más infeliz jornalero piensan en que aquel pedazo de papel vale porque haya de ser cambiado algún día por tal o cual moneda metálica, sino porque existe un orden de cosas, un conjunto de circunstancias que hace que aquel pedazo de papel pueda *cambiarse* por lo que cada cual necesite, desde el artículo elemental de subsistencia, hasta el objeto de lujo más refinado.[3]

Vemos así cómo Caro, sin haber estudiado las complejidades del pensamiento de Hegel, advirtió que el sistema de necesidades

3 Miguel Antonio Caro, «Punto de vista», en *Escritos sobre cuestiones económicas*, 24. [*El Siglo* XX, Bogotá, 1890].

y dependencias de la sociedad colombiana en su época requería un sistema monetario articulado sobre el hecho fundamental del papel moneda y no sobre el metal mismo.

Citando un libro de Jevons, editado por Appleton en español con el título *Nociones de economía política* (1878), Caro se refirió al problema de la intervención del Estado y la libre empresa en los mismos términos en que se plantea hoy este debate, o quizás con mayor claridad. Para Jevons y para Caro, que compartía este punto de vista, no se puede decir que el Estado debe necesariamente retirarse de la producción y de la dirección de la economía para dejar todo el campo libre a la empresa privada. Jevons enseñó, y Miguel Antonio Caro asimiló la lección: «todo depende», hay una relatividad en todo esto. Si en Rusia los ferrocarriles son construidos por el Estado, al contrario de lo que sucede en Estados Unidos e Inglaterra, no podemos convertir en dogma lo uno o lo otro. No podemos afirmar que es el Estado o son los particulares, en toda circunstancia, los llamados a asumir la producción. Depende de los medios, depende de las condiciones y circunstancias de las naciones; en términos de hoy, diríamos que depende de la estructura de la sociedad civil, del grado de acumulación de capital. Para él, ese grado de acumulación del capital era un concepto vago todavía, pero quería subrayar la necesidad de estudiar la «circunstancia concreta» para ver qué es lo aconsejable en un momento dado. Estudiar si lo aconsejable en esos momentos es la combinación de la empresa del Estado y la empresa privada, como Colombia ha venido haciendo desde entonces, o dejar el campo libre a los librecambistas y a los abogados como Miguel Samper.

El fracaso de los intelectuales liberales

A través de todo este proceso se revela lo que, conjeturalmente, podríamos llamar fracaso teórico y político de los intelectuales y dirigentes liberales de ese momento. Una persona tan calificada para ver este problema de modo crítico lo aseguró en los mismos términos nuestros. Recordemos lo que Carlos Lleras Restrepo afirmó, refiriéndose a Miguel Samper: «[...] hoy cuesta trabajo leer sin una definida sensación de anacronismo, las páginas en que él expuso sus ideas». En esta «Introducción» a los *Escritos sobre cuestiones económicas* (1956) de Caro, Carlos Lleras reconoció que sus antecesores liberales no pudieron ver tan clara y profundamente la realidad colombiana:

> Apreciando hoy a distancia las condiciones económicas de aquel tiempo, llegamos a pensar que Caro tenía razón, y que juzgaba con criterio más realista y acertado que muchos de sus contemporáneos las condiciones de la economía colombiana. La imposición de su criterio nominalista le permitía saltar sobre la estrechez de disponibilidades metálicas para que el país estuviera dotado de suficientes medios de cambio y para que la moneda barata fomentara la producción doméstica y especialmente la del café.[4]

En su momento, Samper admitió el impulso a la producción cafetera, sin advertir, a pesar de ello, que el sistema monetario articulado sobre el papel moneda era uno de los elementos determinantes de tal proceso.

Preguntas y comentarios

PARTICIPACIÓN 1 (WILSON LADINO): Usted señaló el pauperismo precapitalista y enfatizó en la realidad interna del país. Observó la tarea de construcción de nación a través de sus conductores, particularmente de Caro, quien fue capaz de ver lo que pasaba y advertir hacia dónde se iba. ¿En qué medida la vinculación al mercado mundial y las fuerzas económicas externas determinaron a la nación colombiana?

D. M.: Sí, debemos prestar atención al contexto internacional. Es un problema. Pero, por lo pronto, podemos considerar estos factores: en primer lugar, la unidad económica de los Estados Unidos, es decir, la creación de una gran economía tras la Guerra de Secesión. Ustedes recuerdan que antes de la Guerra de Secesión la economía norteamericana avanzaba

4 Lleras, «Introducción», x.

sobre vías muy inseguras, no solo por la competencia internacional, sino porque, anteriormente, no había podido establecer el predominio de un único modo de producción, como diría Marx.

Después del final de la Guerra de Secesión, en 1865, el triunfo del norte fue el triunfo del capitalismo industrial, es decir, de la productividad moderna. Ese concepto de la productividad del trabajo (producción en menor tiempo, con mejor calidad, a menor costo) triunfó en el norte y se impuso en el sur por la violencia. De este modo se creó un modo de producción predominante, base de la nación norteamericana. Esa nación, llamada Estados Unidos, se proyectó no solo geopolíticamente, como masa continental, sino también económica y culturalmente sobre el resto del mundo, empezando por América Latina.

Esto fue percibido y expresado claramente por los políticos y por los geógrafos que ya tenían una concepción geopolítica norteamericana, como Alfred Mahan, a finales del siglo XIX. Los dirigentes militares y políticos comprendían que Estados Unidos, esa gran masa continental contenida en un gran Estado fundamentado en una economía unificada, tenía un «destino manifiesto», como decía Teodoro Roosevelt. Ese «destino manifiesto» había de proyectarse a todas las áreas del mundo, en primer lugar, a la órbita inmediata: América Latina.

Otro elemento fundamental de la vinculación de nuestro país a la economía mundial fue la crisis de los mercados internacionales de materias primas, como el añil, el tabaco, etc., que afectaron particularmente nuestra economía y la de otros países como el nuestro. Estas condiciones del mercado mundial se proyectaron en Colombia en una forma muy clara en el debate sobre el plan de vías públicas. Fue el choque de dos orientaciones: vías colonialistas, para favorecer la exportación, o vías que propiciaran la unidad interna del país, sobre la base de la integración de un mercado nacional.

P. 2: En alguna intervención Caro expresa una crítica muy violenta a la dialéctica de Hegel. ¿Por qué razón?

D. M.: Caro no conocía a Hegel directamente. Esto es evidente por la manera como planteó el debate. Hegel fue conocido en los países hispanoamericanos solo tardíamente. Si Caro aludió a Hegel fue por alguna vía indirecta. El protestantismo usaba el pensamiento de Hegel para combatir la teología católica y Caro estaba bien informado sobre esos debates. Por esa vía de un catolicismo apologético llegó a afirmar que Hegel era «el gran maestro de la moderna filosofía anticatólica». Pero no hay ninguna evidencia de que él lo hubiera leído. Ni tampoco parece haber conocido las tendencias de un catolicismo hegeliano que ya en ese tiempo se esbozaban, por ejemplo a través de Vladimir Soloviov, un pensador ruso que se apoyó en Hegel para afirmar una nueva concepción del catolicismo.

P. 3 (ALBERTO MAYOR): La negativa de Caro a identificar la riqueza con la producción de metales implicaría que él percibía que, en última instancia, el problema de la riqueza de una sociedad reside en el tiempo, es decir, es un problema de productividad. ¿Captó algo del problema de la productividad?

D. M.: Lo que él demostró en ese punto fue un rechazo al mercantilismo. Ustedes saben que uno de los pivotes del mercantilismo fue la afirmación de que los metales preciosos son propiamente el elemento capital de la riqueza. Por eso Colbert y todos los grandes propugnadores del mercantilismo en Europa, tanto en Francia como en Inglaterra, buscaron, ante todo, acumular metales preciosos. Esa fue la causa de la ansiedad por recoger todo el oro llegado de América, o posteriormente de Australia, y de la prohibición de sacar oro y plata de estos países.

Como Caro afirmó, ya en su tiempo el mercantilismo había fracasado «práctica y teóricamente». Prácticamente porque nunca pudo evitar la salida de metales preciosos de Inglaterra hacia India o China, para comprar mercancías, o para convertir la plata en moneda, o para pagar impuestos. Los metales preciosos salían de todas maneras y, a los ojos de los mercantilistas, era una masa de riqueza que se sustraía de estos países. Teóricamente había fracasado porque —particularmente después de las reflexiones de David Ricardo y sus epígonos— se mostró que no es el dinero monetizado o metálico lo que constituye la masa de la riqueza sino el conjunto de mercancías, la masa de valores de uso. Caro tenía esa percepción.

P. 4 (ALBERTO MAYOR): Pero ¿Caro tenía la percepción del tiempo como medida, o como diría Adam Smith, percibe que la «riqueza de las sociedades es el tiempo disponible»?

D. M.: No. La prueba de que no tenía esa concepción es que las discusiones acerca del valor eran algo confusas y librescas. Librescas en el sentido de que él usó unas citas que hablan sobre el valor y su relación con la moneda, pero no comprendió claramente cómo en el valor hay un elemento de tiempo; cómo el valor de una mercancía se mide por el tiempo socialmente necesario para su producción.

Él habló del valor cuando en las polémicas se trataba de precisar si en la moneda se cristaliza un valor o si es simplemente un signo. Llegó a afirmar, lúcidamente, que el valor es solo una relación. Pero, qué tipo de relación, es una definición que se le escapa. Por lo tanto, el factor de tiempo y el problema de la productividad del trabajo, tal como aparecen en los economistas ingleses o en Karl Marx, no entraron en sus consideraciones.

P. 5 (ALBERTO MAYOR): Para un pensador no economista como Caro, que proponía que debía emitirse un volumen de papel moneda a partir del cálculo de la producción, ¿cuál pudo ser el parámetro o los cálculos que utilizó, sin ser economista, para calibrar la masa de dinero que habría de ser emitido para activar la economía interna?

D. M.: Él mismo aceptó, ilustrado por Jevons —el pensador cardinal de ese tiempo que está en el fundamento de todo el marginalismo—, que la ciencia económica no puede o no alcanza a precisar la masa de dinero requerida por un país, pero el hecho es que se requiere una masa adecuada, aunque aproximada. De una manera premonitoria o pragmática advirtió que esta ciencia solo nos da «criterios de probabilidad». Ahora bien, cómo se evalúa esa probabilidad es algo que no entra a definir. Lo que, a mi ver, es extraordinariamente lúcido es el acento en la ciencia económica como fuente de criterios de probabilidad, no de exactitud. Hay probabilidad. Pero probabilidad no es imaginación, no es simple posibilidad. La probabilidad es objetiva: es una tendencia de lo real y eso me parece importante en él. La ciencia nos enseña a ver las tendencias de lo real.

P. 6 (ALBERTO MAYOR): ¿Cuánto catolicismo había en esa relativización de la ciencia?

D. M.: Había desde luego un elemento de la fe católica ahí. Él afirmó que más allá de los límites de la ciencia hay una esfera que nosotros no conocemos sino «por el optimismo y por la fe», y subraya la fe. Pero Caro no incurrió en una actitud anticientífica o antitécnica, a diferencia de muchos teóricos y teólogos del catolicismo que mantienen una prevención contra la ciencia, sobre todo en nuestro tiempo. Por el contrario, se nota en él un optimismo histórico muy singular, siendo quien era: un hombre formado en el catolicismo más apologético y antipositivista. Afirmó que quien reniegue de la ciencia renegará de la civilización misma, que aceptar que la ciencia es limitada y deficiente no equivale a un «escepticismo estéril», etc.

P. 7: Me llama mucho la atención la simetría del pensamiento de Caro en relación con la concepción del lenguaje y del dinero. Hay un paralelo entre los dos: en el lenguaje también hay una especie de equivalente de las relaciones simbólicas de todas las interacciones de la sociedad y el Estado. Entonces, hay conexión en ese aspecto de la unidad del lenguaje como expresión de las relaciones de la sociedad civil, lo mismo que sucede con el dinero. Se establece como un equivalente general contra ese fraccionamiento, dijéramos, que era muy acorde con la noción del *laissez-faire*.

Esto concuerda con la crítica filosófica de Caro al utilitarismo como un sistema que, según una mirada ulterior de Parsons, no es capaz de explicar el orden de las cosas porque reduce todo a sus elementos individuales, a un atomismo que no explica el orden de los sistemas sociales. Creo que esa crítica al utilitarismo estuvo guiada por el pensamiento religioso y en ello parece influir mucho la corriente neotomista de Caro. Habría que examinar esto en lo que concierne a la construcción del bien común como un elemento cohesionador de toda la sociedad. Sería interesante ver en esa perspectiva las afinidades de Caro con un neotomismo que en Colombia ha sido afín al desarrollo científico. Pienso en la figura de Mutis, pienso en la cultura de una serie de botánicos y de científicos del siglo XIX que desde una perspectiva conservadora fueron muy afines al desarrollo científico y al desarrollo técnico.

D. M.: Esto forma parte de un gran debate entre el positivismo y el pensamiento idealista que se ha dado en todo el mundo. En nuestro país y en América Latina es particularmente importante. Quizás los términos del debate, sobre todo en sus proyecciones, se perdieron en la confusión.

Examinen ustedes las reacciones a propósito de este grupo de intelectuales, de Caro y de Cuervo en particular, y encontrarán que hay un denominador común: cierto desdén. Trátese de políticos o intelectuales de la izquierda, de la derecha, o del centro, cierto desdén. Se dice: la república de los gramáticos. Aun admitiendo este epíteto, usado con ánimo derogatorio, debemos subrayar que no es algo desdeñable: se trataba de la fijación de una lengua, suficientemente dúctil para expresar las sensaciones, las percepciones, las ideas, la aprehensión del mundo.

La Real Academia, como decían sus fundadores, «limpia, fija y da esplendor» a la lengua. Piensen en lo que esto significa en la lingüística moderna. Para mí lo más importante es que en la vida intelectual de Colombia se ha perdido esta raíz representada por Caro, uno de los fundadores de la Academia colombiana de la lengua. Esta raíz se mostró también en su oposición al positivismo, en su crítica al utilitarismo, en su oposición a un pragmatismo deformado, en beneficio de un pensamiento que no es el puro idealismo, el puro solipsismo de Berkeley, que ya hubiese sido también algo nada desdeñable. Todo ello en beneficio de una aprehensión mucho más viva, total de la realidad; total, hay que decirlo, en el sentido tomista.

Hay una confusión que ha venido esparciéndose en Colombia precisamente por no haber reflexionado suficientemente sobre la obra intelectual de individuos como Caro. El tomismo no era esa deformación idealista, solipsista, de ninguna manera. Contenía elementos sensualistas, elementos materialistas, evidentes para quien conozca la *Suma Teológica*. Los discípulos de Aquino, no me refiero a los españoles que siempre lo estudiaron desde un punto de vista apologético y vaticanista, sino a los filósofos que realmente lo han estudiado de modo crítico, tendrían que haber visto esto. Lo que en Italia se logró —que el positivismo no hubiese arraigado de manera deformada en la alta cultura como lo hizo en los países hispanoamericanos—, se hubiese podido lograr aquí, desde luego, de haber estudiado con menos pasión política la actitud de Caro y, sobre todo, la obra fundamental de Cuervo.

Estos son problemas que podemos seguir discutiendo. Pero me parece que la herencia cultural nuestra ha sido muy deformada por el sectarismo político y tenemos que hacer un esfuerzo para mirar el pasado críticamente. Es lo que yo propongo, entre otras cosas, exponiendo algunos puntos sobre Caro, que me parece un hombre fundamental en la formación de este país.

Fuentes y rasgos característicos de la personalidad intelectual de Caro

EN EL ESTUDIO DE la personalidad de Caro no podemos perder de vista que él vivió inmerso en un mundo de contradicciones; nuestro esfuerzo intelectual será precisamente aprehender ese mundo en su propio espíritu, en su propio pensamiento, en su propia vida. Caro no fue un reflejo sino una expresión orgánica de todo el tejido de su tiempo, es decir, de las condiciones económicas, culturales, religiosas y morales, de las tendencias de la literatura, de las grandes discusiones filosóficas. Quiero insistir en esto porque el análisis de su obra nos impondrá estos interrogantes: ¿Caro fue reaccionario? ¿Fue vaticanista? ¿Caro fue capaz de entender científicamente la realidad? ¿Fue un hombre alerta a los problemas de su tiempo? ¿Fue un hombre verdaderamente culto? El latinista que tradujo a Virgilio ¿fue realmente un pensador político, fue un filósofo? Debemos plantearnos todo esto, pero siempre con los pies en la tierra, es decir, sin perder de vista las contradicciones del mundo real que era Colombia en ese momento: un país determinado considerablemente por la política internacional y, de manera particular, por la política interamericana. Tampoco debemos perder de vista las proyecciones de la economía mundial sobre el país por las vías de la técnica, de la producción, de la exportación, del consumo interno, etc.

Ya hemos expuesto *grosso modo* su agudeza en el estudio del problema monetario, lo hemos hecho así porque los distintos escritos suyos que conocemos no hacen sino reiterar estas tesis: la necesidad de una moneda que correspondiera al volumen de la producción, moneda que no debía ser metálica porque el país debía ahorrar esa metalización e imponer el papel moneda de uso forzoso, con el compromiso del Estado de recibirlo como pago de impuestos o de aduanas. Todo esto es derivado de una realidad que él expresó políticamente con una claridad extraordinaria, convirtiendo su conocimiento en acción política. Esa acción política fue considerablemente beneficiosa en algunos casos y, como veremos, nociva en otros, particularmente en la esfera cultural, donde se convirtió en un freno al avance concomitante con el desarrollo de la economía que podría esperarse. Caro fue hombre con una aguda percepción de los problemas reales del país. Él los vio sin ilusiones de ninguna naturaleza, no romantizó el pueblo ni la realidad. Se puso modestamente en la escuela de la alta cultura mundial, del gran pensamiento que le fue asequible, sin idealizar ninguna situación.

En su discusión sobre los empréstitos, al subrayar su tesis de que la emisión de papel no es empréstito, ni el papel moneda es deuda, encontramos esta frase: «lo que a todos igualmente obliga, a todos liberta». Llegar a esta expresión tan simple y sobria condensa un proceso, un esfuerzo extraordinario de pensamiento jurídico y político, porque trató aquí de superar el derecho estamental, de superar política y jurídicamente los privilegios de la sociedad estamental. Ya no se trataba, por medio del derecho, de favorecer esta capa o aquella, este estamento o aquel, no se trataba del *Fuero Juzgo* medieval que fuese necesario mantener o derogar; se trataba de afirmar el derecho para todos, es decir, afirmar lo que considera como libertad realizada de todos y cada uno de los individuos en el seno de un Estado.

En la *Filosofía del derecho*, Hegel afirmó que cuando una comunidad alcanza el nivel de la *eticidad*, cuando ya el individuo asume la interiorización de las normas, cuando esas normas se hacen expresión de la propia personalidad, la moral pasa a convertirse en ética, es decir, a convertirse en una expresión natural de la persona o de los pueblos, por medio de la familia, el Estado mismo, los gremios, etc. Podemos preguntarnos si en la Colombia de entonces se había llegado ya a esta esfera de *eticidad* que le permitiera a Caro escribir: «lo que a todos igualmente obliga, a todos liberta». Si esto fuese así en la realidad, y no meramente en el plano de la teoría jurídica o de la afirmación moral, entonces el país habría llegado a una etapa de desenvolvimiento considerable. Pero decir esto en una sociedad estamental, como era todavía aquella en que Caro vivía, llevaba directamente a un choque con los estamentos que venían beneficiándose de un conjunto de privilegios, fuesen hacendados, banqueros residentes, dueños de manufacturas, de las minerías, etc. Este fue un debate muy importante que tuvo consecuencias políticas y proyecciones sociales inescapables.

«Lo que a todos igualmente obliga, a todos liberta» era lo que los grandes juristas ya estaban diciendo en los Estados que se habían consolidado; en la frase hay una concepción implícita del derecho: el papel de la ley consiste en regular las distintas relaciones de la sociedad civil para garantizar la libertad de todos y cada uno. Aquí vemos, además, una afirmación del Estado. Esta es una constante en la vida política de Caro. En el plano de la moneda, por ejemplo, no le cabía ninguna duda, lo expresó nítidamente: «No es dado tratar las cuestiones sobre moneda exclusivamente en el terreno económico, con independencia del jurídico». Caro expresó esto en el debate con Miguel Samper y otros, y continuó: «La moneda es una creación de las naciones, y el Estado tiene por derecho natural el poder de fijarla, como precio común de las cosas». Se trata, según él, de una «prerrogativa imprescindible del Estado». Su concepción era muy clara: esa es una afirmación del Estado en el terreno de la economía y singularmente en el plano de la moneda.

Esta afirmación del papel eminente del Estado—que ha de estar teóricamente por encima de los intereses inmediatos de las clases—estaba inspirada en muchas fuentes, entre otras, en el absolutismo español de los siglos XVI y XVII, de los grandes monarcas que hicieron la unidad española y que la continuaron hasta su decadencia; todo esto lo ilustró de manera continua y consta no solo por sus lecturas políticas, sino también por sus inclinaciones literarias.

Caro, indudablemente, no conoció la obra del gran pensador ruso cristiano Vladimir Soloviov. Pero podemos conjeturar qué reacción habría tenido ante una expresión como ésta: «El Estado al fin y al cabo es el Estado, pero el Estado no se hizo para crear en este mundo un paraíso, sino para evitar que la vida del hombre se convierta en un infierno». Esta afirmación —hecha por Soloviov en su polémica con los anarquistas rusos, a mi ver espléndida— hubiese sido para Caro una sugestión útil, pues era un hombre sobremodo sensible a este tipo de reflexiones políticas y morales. Esto nos introduce a un punto que nos interesa: las directrices de Miguel Antonio Caro en tanto hombre, escritor, político y creyente, en la esfera de la filosofía.

La relación de Caro con la filosofía

En este punto hemos de ser muy cuidadosos. Leopoldo Zea, el historiador mejicano de la filosofía continental, nos ha dado, quizás, la mejor fórmula para ello. Se discute mucho en los medios académicos de América Latina acerca de una real o presunta filosofía latinoamericana. Pero si tratamos de ver lo que podemos considerar grandes manifestaciones de la filosofía en Latinoamérica, encontramos un vacío absoluto.

A algunos escritores, romantizando la situación, les gustaría ver en algunos divulgadores, profesores de filosofía, y algunos comentadores, a los exponentes del pensamiento filosófico propiamente latinoamericano. Pero en América Latina no podemos mostrar obras filosóficas originales de donde se desprenda una teoría del conocimiento, una lógica, una metodología. Leopoldo Zea nos aconseja que seamos más realistas, si no queremos ser inmodestos; que hablemos más bien, como él lo hace, de aproximaciones latinoamericanas a la filosofía. Caro, por ejemplo. Todos sus apologistas lo sitúan en primer lugar como un filósofo de consideración. Sin embargo, quien se ha encargado en el Instituto Caro y Cuervo de editar críticamente su obra, y lo ha hecho excelentemente, el señor Carlos Valderrama Andrade, en un «Estudio preliminar» a las obras completas de Caro, dice con toda nitidez y prudencia: «para darle a Caro el apelativo de filósofo hay que hacerlo con espíritu amplio y hasta poco riguroso»[1]. Uno podría pensar que se trata de una ironía, pero sucede que es, simplemente, cuidado, prudencia, y conocimiento de los textos. Lo que tenemos aquí es apenas la corroboración de una modestia que no permitiría llamar a Caro un filósofo en sentido estricto sino, como dice Valderrama, «hacerlo con espíritu amplio y hasta poco riguroso».

Siguiendo la directriz indicada por Zea, podemos afirmar que, si bien Caro no era un filósofo, sí era realmente un pensador y un hombre de acción. Pensador en el sentido literal de que era capaz de pensar su realidad, es decir, de encontrar en la realidad los vínculos racionales, las relaciones entre los fenómenos, entre el Estado y la sociedad civil, entre la moneda y la esfera entera de la economía, entre la moneda y la política exterior, entre la moneda y el Estado, entre la educación y el nivel de la moralidad pública y privada, etc. Caro fue un pensador que se alimentó con la acción, que estaba inmerso en ella, que se dejó influenciar por los hechos, los pensó y reaccionó frente a ellos para transformarlos. En este sentido fue, innegablemente, un pensador al mismo tiempo que un hombre de acción. Y, como pensador, Caro se acercó a la filosofía de su tiempo. No fue un filósofo en el sentido clásico de un cultivador del conocimiento, creador por lo común de un sistema de pensamiento capaz de abarcar una teoría del conocimiento, una lógica, un método derivado de ella, una teoría de la moral, de la historia, del derecho, del Estado, etc. Un filósofo, según los paradigmas clásicos de Aristóteles o Platón, Kant o Hegel, no existe aquí. Pero no ser un filósofo en sentido estricto no demerita la importancia de su vida intelectual ni de su acción política.

---

1 Carlos Valderrama Andrade, «Estudio preliminar», en Miguel Antonio Caro, *Obras*, vol. I, *Filosofía, religión, pedagogía* (Bogotá: Instituto Caro y Cuervo, 1962), XXI.

¿Caro fue tomista? Casi todos sus apologistas, sus escoliastas, han dicho que era un tomista, que había leído la *Suma Teológica* de Santo Tomás, se había empapado en ella y se había regido por ella. Sin embargo, su obra entera no permite sustentar tal conclusión. Para no parecer demasiado insolentes, citemos las palabras a propósito de esta cuestión del editor crítico de la obra de Caro, el señor Carlos Valderrama Andrade: «Caro no conocía, en términos generales y de modo directo, las obras de los grandes exponentes de la filosofía católica: San Agustín, San Buenaventura, Santo Tomás y Duns Scotto». Así pues, el más ilustrado de los católicos «no conocía en términos generales y de modo directo las obras de los grandes exponentes de la filosofía católica». El editor de las obras de Caro, que ha examinado todos los manuscritos, anotó: «He podido comprobar que apenas trae citas confrontables de San Agustín y Santo Tomás, lo que es un indicio de suyo elocuente». En realidad «su afición e interés se concentraban, aunque no de modo exclusivo, en ciertas obras características de su tiempo, que tenían la altísima pretensión de abarcar todos los problemas y darlos más o menos resueltos».

Había leído muy bien a Jaime Balmes, un teólogo que en la esfera europea ocuparía un rango menor, visto objetivamente, casi insignificante fuera del área española. Jaime Balmes influyó en él considerablemente, en cierta sentimentalidad, cierta aproximación al mundo de una manera plástica, muy sensible, pero no podemos decir rigurosamente racional. La obra de Balmes, como la de Caro, se caracteriza por su adhesión a la tradición, sobre todo a algunas tradiciones de la Iglesia basadas en el sentimiento, en lo paradigmático de las grandes figuras de la antigüedad cristiana, antes que en el racionalismo tomista; ese racionalismo que ha permitido a algunos pensadores marxistas descubrir en Santo Tomás un «grano racional materialista». Esto, de ninguna manera, está presente en Caro.

El señor Carlos Valderrama Andrade ha señalado esto muy bien a partir de la lectura directa de los textos, cosa que cada uno de nosotros puede comprobar: Fuera del acercamiento a la concepción política que del Estado tuvo Santo Tomás, no hay, por parte de Caro, una cercanía entrañable con el maestro medieval, tal vez porque le resultaba demasiado racionalista.

Caro conoció algunos filósofos contemporáneos. Tengamos en cuenta esto, porque son matices de su personalidad intelectual que nos importan mucho. Valderrama Andrade anotó casi irónicamente: «conocía a más de un filósofo contemporáneo». Pero no hay aquí ironía, se trata de su editor crítico y uno de sus apologistas mayores. Con reticencia cuidadosa y mesurada nos advierte: «pero la rígida estructura que había dado a su mentalidad en los años juveniles le había quitado cierta flexibilidad y la posibilidad de tratarlos con ánimo desprevenido». Es necesario, pues, estudiar esta obra como un conjunto complejo, a veces contradictorio, de luces y sombras, que no se agota en sí mismo. Todo esto es inteligentemente señalado por su editor.

En cambio, uno de los apologistas incondicionales de Caro, el señor Marco Fidel Suárez, no tuvo ninguna reticencia. Para él, «el fondo del carácter intelectual del señor Caro está constituido por su talento esencialmente filosófico y por sus creencias religiosas, que son las del católico más convencido e ilustrado». De manera que, para el señor Suárez, Caro era un gran talento filosófico. Estas palabras en Suárez, que, como todo el mundo sabe, buscaba en su obra y en su vida ser una imitación de Cristo, tienen una connotación muy precisa. Señaló nítidamente a Caro como un hombre dado a la apologética, un combatiente de Cristo dispuesto, a toda costa, a poner en su acción y en su pensamiento los sellos del catolicismo más ortodoxo.

El profesor Luis López de Mesa, que no solo era un liberal sino un hombre muy influenciado por el pensamiento positivista, no se dejó encandilar por las reflexiones polémicas de Caro, ni por los apologistas como Suárez. En la obra de Caro llamada, con alguna condescendencia, «filosófica», encontró que «le faltaron conocimientos especiales, amplitud de criterio y serenidad de juicio». López de Mesa, en otro de sus gestos característicos, lleno de malicia y veneno, pero muy cortés e inteligente, agregó: «[Caro] Tomó la actitud dogmática inflexible de otras edades, la Edad Media, sobre todo»[2]. Esto es cierto, relativamente. No fue solamente la Edad Media la fuente de la actitud dogmática de Caro y de su pensamiento político: él estaba imbuido también del absolutismo y el Renacimiento español.

Otra característica intelectual de Caro que sorprende incluso a algunos de sus apologistas, consiste en que nunca se permitió dudar. «Resulta impresionante en Caro», dice el señor Valderrama Andrade, «la ausencia de dudas a lo largo de sus escritos». No dudó nunca. Todos sus escritos son como un bloque de piedra, no hay una sola desviación heterodoxa, ni un solo intento de discrepancia, de reticencia, de alejamiento de las fuentes de la fe católica. Hasta para su apologista y editor «es difícil de entender, y solo lo explica su entrega total al criterio católico, cómo, desde el punto de vista de la filosofía, no tuvo esas inquietudes perturbadoras que todo pensador tiene y es natural que tenga».

No hay una sola carta suya, una sola nota, que indique una duda. No solo Descartes y los racionalistas tuvieron dudas, también buena parte de los grandes católicos racionalistas, como Soloviov o Pascal, dudaron, tuvieron interrogantes. Marx, como hemos recordado en otros contextos, ponía en la base de su vida intelectual dudar de todo, cartesianamente. Todos los grandes intelectuales han tenido siempre la duda como una condición del conocimiento, como algo absolutamente ineluctable. Por ello resulta impresionante en Caro la ausencia de dudas a lo largo de sus escritos, lo cual lo hace un ortodoxo a toda costa. ¿A qué se debió? ¿Dónde abrevó su espíritu? ¿Qué lo nutrió? ¿Cuáles son las influencias intelectuales, filosóficas, que pueden percibirse claramente en sus escritos?

López de Mesa señaló un conjunto de autores que deleitaron a Caro desde su juventud. No fueron los grandes padres de la iglesia. Fue el padre Jean-Baptiste Henri Lacordaire, de la Francia del siglo XIX, muy ortodoxo y opuesto al galicanismo, movimiento cris-

2 Luis López de Mesa, *Miguel Antonio Caro y Rufino José Cuervo* (Bogotá: El Gráfico, 1944), 268. Citado por Valderrama, «Estudio preliminar», XXII-XXIII.

tiano que en ese país propugnaba cierta autonomía frente al Vaticano. También el cardenal John Henry Newman, que ha tenido una influencia considerable en todo el catolicismo occidental, desde el punto de vista más ortodoxo. Además, naturalmente, el padre Jaime Balmes, con toda la carga de la cultura española anticientífica y antiburguesa, antiliberal y antiracionalista. Sobre todos, yo diría fundamentalmente, que el maestro de Caro fue el gran escritor contrarrevolucionario francés Joseph de Maistre. En la lista figuran además el inglés Thomas Babington Macauley y el español Marcelino Menéndez Pelayo, que fue uno de sus paradigmas. López de Mesa mencionó además a Louis de Bonald, un contrarrevolucionario francés coetáneo de Joseph de Maistre, a Théodore Simon Jouffroy, Joseph Joubert y a Cesare Cantù, entre las lecturas predilectas de Caro. Cantù es hoy considerado un autor de cuarta categoría, después de que Giuseppe de Santis, el crítico italiano, lo sometió a un análisis estructural y mostró que Cantù había acometido la tarea de escribir una historia universal sin la debida preparación, pues carecía de ciencia y de estilo para ello. Todos estos autores contribuyeron sin duda a conformar el espíritu y la expresión de Caro, aunque, en el sentir de López de Mesa, eran insuficientes para «nutrir su poderosa inteligencia»[3]. Con esta dotación intelectual Caro se enfrentó al mundo contradictorio que lo rodeó, afrontó el conocimiento y la acción política, la percepción de la economía, la concepción del Estado, de la moral, de la educación, de la religión, de la sociedad civil, etc.

Uno no puede dejar de notar el contraste entre el polemista que vio la ciencia, la moral, la cultura y la filosofía de su tiempo a través del lente católico más ortodoxo, y la personalidad enérgica, extraordinariamente lúcida, que fue capaz de apropiarse de la obra de Jevons, el gran lógico y teórico del marginalismo del siglo XIX, y plantear con claridad y realismo el problema de la moneda, intuyendo al menos el papel de la matemática en la economía. Esto,

3 López de Mesa, *Miguel Antonio Caro y Rufino José Cuervo*, 182. Citado por Valderrama, «Estudio preliminar», XXIV.

por supuesto, es explicable en cierta medida por su ambiente originario. Estaba condicionado por la educación que había recibido en los decenios del 40 y del 50, en un colegio de jesuitas primero, en un colegio laico después, en el ambiente de su casa, en el ambiente de Bogotá. Él no salió nunca de aquí. No pudo confrontar siquiera sus propias percepciones o concepciones con otras extrañas.

Su apreciación de la filosofía lo deja ver claramente. En su «Informe sobre los *Elementos de ideología* de Tracy»[4], es evidente que Caro buscó no solo criticar el libro que estaba sobre su mesa, sino, ante todo, denunciar las proyecciones, nefastas desde el punto de vista ortodoxo, que ese libro podría tener en la vida intelectual, en la esfera moral, en el debate político. Era una nueva ocasión para atacar al partido contrario, el liberal, en el cual veía la encarnación del mal, porque así lo había aprendido del *Syllabus*, del papa Pío IX y de la *Quanta Cura*. Esta fue su guía en el combate contra toda la sociedad moderna, contra el liberalismo, contra todo lo que la sociedad moderna tiene de característico y esencial. En un breve artículo polémico contra José María Samper condensó perfectamente esto:

> El liberalismo está condenado no solo en el *Syllabus*, sino, muchos siglos antes, en el *Decálogo*: allí se condena la libertad de mentir, de robar, de matar, etc., y como hoy se miente publicando funestos errores, y se roba desamortizando, y se mata haciendo revoluciones, por eso las condenaciones del *Decálogo* se han hecho extensivas a la prensa impía, y a la desamortización oficial, y a las revoluciones comunistas, etc. El *Syllabus* es el *Decálogo* aplicado a la nueva y gigantesca forma que ha tomado la libertad del mal en las sociedades modernas. Esa libertad del mal es la esencia del liberalismo, y la libertad del bien, que es la libertad que Dios ama, es la libertad que lleva en sí el catolicismo; la libertad del bien es la civilización cristiana.[5]

---

4 Miguel Antonio Caro, «Informe sobre los *Elementos de ideología* de Tracy», en *Obras*, vol. I. [*Anales de la Universidad Nacional de los Estados Unidos de Colombia*. Bogotá, tomo IV, 1870].

5 Miguel Antonio Caro, «El *Syllabus*», en *Obras*, vol. I, 905. [*El Tradicionista*, octubre de 1873].

Caro ante la ciencia

El *Estudio sobre el utilitarismo* (1869) de Caro es, según López de Mesa, un «[...] esfuerzo mental digno de mucha alabanza como obra juvenil [...], plagada, sin duda, de las equivocaciones a que la carencia de los conocimientos de la historia de la filosofía daba entonces ocasión casi ineludible»[6]. En realidad, más que un *estudio*, es un *combate* por la fe, donde Caro se propuso «probar la tesis» (son sus palabras) según la cual «el utilitarismo es de origen satánico»; para concluir: «el utilitarismo nos venció en Adán y por Jesucristo lo vencemos»[7]. En su «Informe sobre los *Elementos de ideología* de Tracy» (1870), que es una crítica del pensamiento sensualista de Destutt de Tracy, habría que señalar, además de su propósito combatiente y apologético, la insuficiente información sobre los grandes avances de la ciencia de su tiempo. Identificando el materialismo con el sensualismo y criticando a aquellos «metafísicos que adscriben a la naturaleza todos los fenómenos providenciales» (458), sin ningún asomo de duda, sin matices ni distinciones, Caro afirmó: «La ciencia no es ni puede ser materialista» (461).

Cuál era el concepto de Caro acerca de la naturaleza del conocimiento científico y cuál era su grado de información sobre los niveles alcanzados por la ciencia, es algo que debe ser precisado, porque guarda íntima relación con la misión apologética que determina este «acercamiento latinoamericano a la filosofía», como diría Leopoldo Zea.

Lo que está claro como punto de partida para Caro —hombre de acción y pensamiento encaminado a justificar la acción— era el vínculo entre la filosofía y la virtud. Para él era incuestionable que la filosofía auténtica no puede andar sino de brazo con la virtud: «[...] no es mi ánimo rebajar el mérito del saber, antes bien lo pongo en su punto, para que podáis contemplarle en sí mismo, fijar sus condiciones

---

6 López de Mesa, *Miguel Antonio Caro y Rufino José Cuervo*, 185. Citado por Valderrama, «Estudio preliminar», XXIV.

7 Miguel Antonio Caro, «Estudio sobre el utilitarismo», en *Obras*, vol. I, 267. [*Estudios sobre el utilitarismo*. Bogotá: Imprenta de Foción Mantilla, 1869].

propias, admirándole sin reserva en su alianza con la virtud, pero observándole al propio tiempo con justo recelo, cuando por una aberración lamentable se divorcia de tan amable compañera»[8]. Si no hay virtud, si una filosofía no sustenta una conducta correctamente dirigida, es decir, abrevada en los dogmas de la Iglesia, entonces esa filosofía no puede ser auténtica, y ha de ser desechada.

Desechable, entonces, era no solo la ideología de De Tracy y el utilitarismo de Jeremias Bentham, sino todo lo que con ellos se emparentaba. Por eso lo vemos reaccionar en contra del positivismo como lo hizo su padre, José Eusebio Caro, rectificando las inclinaciones levemente positivistas de su juventud, atribuibles a su formación en el ambiente de la época. Caro, desde su crítica al utilitarismo, se propuso combatir todas las manifestaciones positivistas, no solo sus exageraciones, sino lo que él veía como fundamentos del positivismo: todo lo que afirmara el conocimiento meramente experimental, lo que habían venido propagando aquí los positivistas de México y Brasil. Todo lo que fuera negación de lo metafísico era para él no solo sospechoso, sino, ante todo, condenable. Esa posición ortodoxa, sin lugar para la duda, sin interrogantes de ninguna naturaleza, era característica en Caro; así afrontó el rechazo o la aceptación del pensamiento filosófico de su tiempo.

La posición de Caro es lo que en la historia de la filosofía se conoce como el paradigma metafísico. ¿Qué guiaba su posición intelectual? No es, repitámoslo, el racionalismo de Santo Tomás; de ninguna manera, nunca se sintió atraído por esto. Lo guiaron, en cambio, los paradigmas metafísicos de San Agustín, San Buenaventura, los Padres de la Iglesia. Citando a Orígenes, Caro señaló como tarea del científico descubrir en el mundo natural, «[...] en cada especie, en cada criatura, una cierta enseñanza y revelación de las cosas inmateriales y celestes [...], buscando la razón de todo en el orden sobrenatural»[9]. De este modo las criaturas visibles se

8 Miguel Antonio Caro, «Estudio sobre el utilitarismo», en Obras, vol. I, 267. [*Estudios sobre el utilitarismo*. Bogotá: Imprenta de Foción Mantilla, 1869].

9 Miguel Antonio Caro, «Informe sobre los *Elementos de ideología* de Tracy», en *Obras*, vol. I, 432. [*Anales de la Universidad Nacional de los*

convierten en signos de pensamientos divinos y la creación en un libro simbólico, «el poema de Dios». Noten ustedes que no se trata de una reflexión racionalista; no se trata tampoco de platonismo. Se trata de relacionar todo lo viviente y perceptible con estos símbolos, con estas formas o anticipaciones del mundo que están, por supuesto, en Dios.

El arte, por lo que se refiere a la estética, estaría signado por el mismo carácter. No se trata de negar la realidad; el artista tiene que aprehender la realidad, sobre todo si es un artista católico. Pero esa realidad ha de ser convertida, transmutada, en idealidad; debe producirse una sublimación religiosa para que la realidad quede convertida, por áspera que sea, en idealidad. No es extraño, entonces, que el naturalismo y el realismo de la novela francesa e inglesa, que Caro no estudió, fueran rechazados de inmediato porque no transmutaban la realidad hasta convertirla en idealidad, porque las realidades de la vida eran presentadas en toda su aspereza. De una manera muy simple, para Caro, estas obras no eran arte.

Al estudiar el utilitarismo Caro aplicó también estas exigencias morales y estéticas, con el obvio resultado del rechazo; sin hacer ninguna concesión a la lógica interna de esos sistemas, o a sus alcances experimentales. Sin embargo, notó algunas inconsecuencias lógicas que merecerían alguna consideración en el estudio más detallado de estos textos.

Cuando Caro se refiere a la historia, la ve como el acontecer en el cual los pueblos se debaten. Los hombres están en el fondo de todos los hechos, pero lo que da sentido a la historia es que sobre ellos está Dios. En Dios, entonces, habría que buscar el sentido mismo de la historia. Según esto, quienes en los siglos XVII, XVIII y sobre todo XIX creían en el predominio de la razón, estaban extraviados —ya lo ha dicho el papa Pío IX en su *Quanta Cura*—. De lo que se trataba, entonces, era de luchar para desarraigar de la ideología de la sociedad todo lo que había de cartesianismo, racionalismo o libre pensamiento. El método cartesiano era perverso, en

---

Estados Unidos de Colombia. Bogotá, tomo IV, 1870].

su opinión, porque «consiste en desentenderse de toda autoridad a fin de juzgar las cosas con perfecta independencia». «Pretender averiguar por nosotros mismos, sin ajeno auxilio, la verdad» es partir de «un principio de excesivo orgullo» y de «arrogante presunción» (436; 444). En consecuencia, para Caro el llamado «libre pensamiento» o bien es imposible, o bien es simplemente la indecisión que precede al juicio y, en este caso, los llamados librepensadores estaban destinados a caer «en la enfermedad llamada escepticismo».

En un libelo en contra el poeta y novelista Jorge Isaacs —titulado «El darwinismo y las misiones»—, Caro descalifica de entrada su estudio sobre las tribus indígenas del Magdalena con el argumento de que «*poeta y materialista, o darwiniano*, son términos contradictorios». Esta clase de alegaciones tan características de todos sus escritos, lo llevan a calificar a Darwin, cuya teoría de la evolución estaba transformando las ciencias naturales, simplemente, como «un especialista maniático». Y resumiendo de manera no científica, sino religiosa y sentimental, su rechazo de la hipótesis darwiniana escribió: «[es] una hipótesis que nos niega nuestro excelso origen y destinos inmortales y nos reduce a la triste condición de descendientes de uno de los brutos más repugnantes»[10].

Observemos que esto responde a la concepción que Caro tenía de la ciencia: no negó su valor, siempre y cuando no entrara en colisión con la Iglesia. Declaró: «La religión verdadera y la ciencia verdadera no pueden hallarse en contradicción»[11], y admite que los resultados de la ciencia pueden inducir a veces una lectura «metafórica» de la Biblia, como en el caso de Galileo y la rotación de la tierra. Pero advierte que ellos no pueden, de ninguna manera, afectar los dogmas de la iglesia. «De las investigaciones de un "curioso naturalista"», (se refería a Darwin), no puede resultar «de-

10 Miguel Antonio Caro, «El darwinismo y las misiones», en *Obras*, vol. I, 1062-1064. [*El Repertorio Colombiano*, Tomo XII y Tomo XIII, septiembre de 1886 a marzo de 1887].

11 Miguel Antonio Caro, «Religión y ciencia», en *Obras*, vol. I, 1132. [*La Nación*, Bogotá, marzo 2 de 1888].

mostrada la negación de la dignidad del hombre y del inmenso beneficio de la Redención» (1133).

Recordemos nuestras preguntas iniciales: ¿fue Caro un filósofo?, o ¿fue el pensamiento de Caro un vasto debate apologético al servicio de la acción política?

Preguntas y comentarios

PARTICIPACIÓN 1 (ALBERTO MAYOR): Considerando el conjunto de autores que influyeron en Caro, en filosofía ¿podemos llamarlo ecléctico?

D. M.: No, porque él era un católico ortodoxo, a toda costa. Pero ese es un aspecto que debemos considerar. ¿En qué podría ser ecléctico? En la práctica de la economía, en la práctica de la política, en el realismo con que veía el Estado. Ese realismo lo llevaba, sin reticencia ninguna como hemos visto, a acudir a pensadores económicos norteamericanos, ingleses, franceses que, desde luego, no eran católicos, tal vez protestantes, escépticos probablemente. Pero en cuanto a su concepción del mundo en el terreno de la moral, de la estética, incluso en el terreno de la política, era, como Suárez decía, un católico ortodoxo e ilustrado. Lo que sí se ve claramente es que sus influencias más persistentes fueron los grandes teóricos de la contrarrevolución burguesa. De manera particular se nota la influencia de Joseph de Maistre en su posición frente el papado. Él ha enseñado a toda la cristiandad ortodoxa que el papado ha de ser el centro del mundo, que hay que mantener ese centro a toda costa, contra los particularismos nacionales o de principados, etc.

P. 2 (ALBERTO MAYOR): Pero ese rasgo cultural que Valderrama señala en él, la pretensión de abarcar todos los problemas y suponerlos resueltos, ¿no es un elemento de mal positivismo?

D. M.: Valderrama sugiere, en su «Estudio preliminar», que Caro no se adentró en los grandes textos de San Agustín, San Buenaventura y Santo Tomás; que las citas confrontables son mínimas, y agrega: «su afición e interés se concentraban, aunque no de modo exclusivo, en ciertas obras características de su tiempo, que tenían la altísima pretensión de abarcar todos los problemas y darlos más o menos resueltos». Este rasgo parecería característico de nuestra cultura, de la mayoría de nuestros intelectuales. Incluso hoy las editoriales viven en buena parte de esa predilección por los libros que tratan sobre problemas generales y los presentan como resueltos.

Lo que sí se percibe claramente en su obra es un estudio constante de los pensadores católicos de la contrarrevolución, sobre todo Joseph de Maistre. Hubo gran afinidad de Caro, gran resonancia, con la sensibilidad de este pensador. Por eso insistimos en que sería conveniente leer su libro fundamental, *Del Papa*, que fue realmente la directriz política y teórica de toda la contrarrevolución occidental y llevó a grandes sectores intelectuales y políticos a rechazar la Revolución francesa, a sustentar al papado contra el resurgimiento de Cavour, contra la unidad italiana, etc.

P. 3 (WILSON LADINO): ¿Qué tipo de reflexión hizo Caro, afincado en el catolicismo, sobre la persona en el sentido moderno?

D. M.: De acuerdo con el pensamiento pedagógico y moral de Caro la persona es una criatura de Dios que debe descubrir en el mundo exterior y en sí mismo la gracia. Lo veremos en contexto, más detenidamente. Sin embargo, me parece que todo esto apunta al carácter contradictorio de este pensamiento. Caro, quien fue más lúcido que sus oponentes liberales —por ejemplo, frente a algunos problemas de la economía y de la dirección del Estado—, se vio, sin embargo, yo diría, sin compartir todas las críticas de López de Mesa, obnubilado en el terreno de la cultura, en el terreno de la lucha ideológica, de la concepción filosófica. Eso se proyectó en sus planes educativos o, al menos, en los que trató de imponer en la Regeneración.

P. 4 (WILSON LADINO): Esa contradicción en el pensamiento de Caro —entre su concepción tradicionalista y su pragmatismo en el manejo del Estado, por una parte, y esa cobertura ideológica, bastante precaria desde el punto de vista de la filosofía, apoyada en libros de segunda categoría y de moda en esa época, por la otra— ¿se expresó también, en cierto sentido, en los años 20 con Guillermo Valencia? ¿Se expresó con esa tradición a la cual aludió Luis Tejada en *Gotas de tinta* al criticar el diletantismo intelectual de los eruditos?

D. M.: La precariedad de nuestra cultura, encarnada en los intelectuales, un hecho cada vez más ineludible, se ha tratado a medias en Colombia, con mucha cautela. Usted mencionó a uno de los hombres característicos de lo que yo me atrevería a llamar la «impostura intelectual». Esa «impostura intelectual» va acompañada comúnmente de la gravedad, que es algo que los previene de cualquier ataque, o de cualquier insolencia de la plebe. Uno de los grandes escritores alemanes del siglo pasado decía precisamente que «la gravedad es la esencia de toda impostura». Esto lo vemos, claramente, en Valencia. Todo un anecdotario nos lo muestra, basta leer sus discursos. Esos discursos están tejidos o edificados alrededor de dos o tres énfasis, pero no de un pensamiento claro sobre el Estado, sobre la economía, sobre la sociedad, sobre la literatura. Son énfasis, solamente. Yo lo he señalado en varias ocasiones y por eso me atrevo a repetirlo ahora: Valencia fue una de las figuras intelectuales más endebles como estructura de pensamiento. Aquí aparecía como un discípulo de Nietzsche. Como consta en cartas, él apenas pudo ver a Nietzsche por el ojo de la cerradura de la habitación donde estaba encerrado el filósofo, ya demente, al finalizar el siglo XIX. Lo vio a través de esa cerradura. Él no pudo tener un acceso directo a Nietzsche porque no sabía alemán. Pero ¿quién figuró aquí como traductor de algunas de las obras alemanas? ¿Quién tradujo a Goethe y a Rainer Maria Rilke, uno de los poetas más difíciles de la lengua alemana? Esto es una impostura. Fue Baldomero Sanín, intelectual muy culto y hombre muy generoso, quien, traduciendo directamente del alemán al español, lo puso al corriente de los textos de Nietzsche y de Goethe en la tertulia que reunía a numerosos escritores jóvenes en la casa del maestro en Bogotá en el último quinquenio del siglo XIX.

Por otra parte, Valencia escribió *Anarkos*, que es una especie de versión poética de León XIII, del socialismo cristiano, que también exaltó Caro coetáneamente; una especie de versión con tintes anarquistas, un eco de la nueva organización que empieza a aparecer a comienzos del siglo en Colombia. Ustedes recuerdan los primeros versos de *Anarkos*. Es conocida la anécdota de que cuando él era candidato presidencial llegaba, por ejemplo, al parque Santander, o a la plaza de Bolívar de Bogotá y la multitud, tal vez incitada por algunos borrachos, empezaba a recitar *Anarkos*, entonces él abandonaba su discurso, recitaba con ellos y ya estaba el «mitin» hecho. *Anarkos* fue muy popular porque expresaba bien una sensibilidad precapitalista, un amotinamiento moral y espiritual de la gente desposeída, de los artesanos empobrecidos, del pauperismo de Bogotá en ese entonces. De esto tenemos constancias, miles de grabados y mil relatos. Todo eso lo expresaba muy bien Valencia en unos versos, métricamente perfectos, con acentos modernistas, sumamente brillantes, pero en estos planos intelectuales y políticos, de esa condición. En su hacienda él pagaba a los indios, que eran sus peones, con coca. Pero no era él solo, eran también los grandes terratenientes del Cauca y del Huila, quienes pagaban parcialmente con coca a sus peones para que no sintieran hambre y así pudieran rendir más. Eso es un dato del Instituto de Antropología. Él fue, pues, hijo de su tiempo y de su espacio, del Cauca de ese momento. Todo esto ha de ser considerado para explicar ciertas actitudes políticas suyas.

P. 5 (ALBERTO MAYOR): En sesiones anteriores se ha exaltado el pensamiento de Caro como un pensamiento de avanzada dentro del país respecto a la concepción del Estado, de la economía, de la moneda. Hoy vemos que Caro tiene unas fuertes raíces ortodoxas católicas. ¿Cómo se conjugó esa ortodoxia de Caro con esa visión clara frente a los asuntos del Estado? ¿Quedó al margen la influencia que pudo tener de la escuela norteamericana?

D. M.: No sé si el profesor Mayor ha encontrado algún elemento que yo no he tratado, un cierto elemento ecléctico. Ese sería un aspecto por considerar, un elemento ecléctico impuesto por la realidad, lo cual significa: ser jefe de un partido, vicepresidente y luego presidente de la República, redactor de una Constitución, para lo cual tenía que nutrirse de las fuentes del derecho constitucional. Caro llegó a ser un experto en derecho constitucional y ese derecho no estaba únicamente en las fuentes de la ortodoxia católica primitiva sino en muchos tratadistas franceses, americanos, italianos, muchos de los cuales no eran, por supuesto, católicos. Él supo utilizar seguramente muchas de esas fuentes para la práctica política y para la práctica constitucional, pero siempre buscando erigir su pensamiento constitucional o político sobre el fundamento de la ortodoxia católica, eso es claro. Por ejemplo, recuerdo que en un artículo de prensa publicado en 1891 dice: «yerran los comunistas que pretenden ensanchar el círculo de la propiedad común, [...] mientras que el socialismo cristiano procura ensanchar la esfera de la propiedad gratuita. [...] El ensanche de la propiedad gratuita es el distintivo de la verdadera civilización, del imperio del cristianismo, y debe tener expresión en la ciencia económica»[12].

En él se dejan ver muchas influencias diversas, contradictorias, pero siempre penetradas por el pensamiento cristiano. A esto lo obligaba, repito, la circunstancia extre-

12 Miguel Antonio Caro, «Propiedad gratuita», en *Escritos sobre cuestiones económicas* (Bogotá: Publicaciones del Banco de la República, 1956), 51-52. [El *Correo Nacional*, octubre de 1891].

madamente indócil e incontrolable en que se encontraba el país en ese momento: las guerras civiles, el presupuesto deficitario, miseria de la producción agrícola, miseria de la producción artesanal y manufacturera, el problema de la moneda.

Fíjense ustedes que, por ejemplo, cuando el doctor Núñez, con la aceptación muy reticente de Caro, ordena que la emisión sea de 12 millones de pesos equivalentes a las rentas percibidas por el Estado, Caro escribió después que las circunstancias habían variado y que por lo tanto aquel límite no podía tomarse como absoluto e inmodificable. Lo dijo claramente, no podemos tomar esas medidas como un dogma; son necesarias para resolver la crisis del momento pero, andando el tiempo, las circunstancias cambian y se puede requerir más dinero para no ahogar la economía. En estas materias no estaba comprometida la fe ni la ortodoxia teológica, eran cosas prácticas de la dirección del Estado y la sociedad, aunque todo apuntaba naturalmente al objetivo que se había propuesto en la esfera moral y política a la luz de la Iglesia católica.

P. 6: Profesor, Caro afirmó que el derecho es para todos y, sin embargo, en la Constitución de 1886 el Estado se declaró católico. En esa medida el concepto de sociedad civil es muy pobre pues, al declararse el Estado como católico, se rompe con las posibilidades del libre pensamiento.

D. M.: Claro. Como lo hemos notado, Caro rechazó, teóricamente, el libre pensamiento y buscó eliminarlo de la vida social. Pero él dijo «lo que a todos igualmente obliga, a todos liberta», allí donde hay ley para todos, hay libertad para todos. Era la imposición de la ley del Estado, pero, desde luego, no tocaba el plano de la libertad de conciencia. Tampoco en las legislaciones de los países europeos estaba esto muy claro. Tampoco se aceptaba la libertad absoluta de cultos. Eso fue un debate sumamente áspero en Francia. Solo en Estados

Unidos fue claramente establecida desde la primera constitución, la constitución de Jefferson y Madison.

P. 7: ¿Qué figuras de la época se notaban, intelectualmente, por encima de Caro, en el conocimiento de la filosofía?

D. M.: Yo no diría que había alguien superior a Caro. En ese momento Caro era el intelectual más destacado. Los otros, salvo Cuervo, para mí el más grande científico, eran gente muy mediocre, sumamente mediocre. Ni Ezequiel Rojas, ni Camacho Roldán, ni José María Samper, que era muy inteligente, tenían su preparación. La adecuación de su espíritu lo hacía tan dúctil que podía acoger teóricos del marginalismo y teóricos parcialmente positivistas de la economía inglesa, por ejemplo, para guiarse, sin confundirse. Su conocimiento de la literatura latina, española, francesa, etc., de los grandes debates teológicos era, indudablemente, superior.

Si uno compara los discursos, los de Salvador Camacho tienen la ventaja de ser la aprehensión directa de la realidad vivida por el pueblo, de la nación, de la sociedad colombiana, pero desde el punto de vista intelectual no hay, en ese momento en Colombia, una figura más destacada, salvo Cuervo. Entre los radicales hay prosistas mucho más finos, como el escritor y periodista Juan de Dios, *el Indio*, Uribe quien fue un prosista excelente. Hay costumbristas de primera clase, Eugenio Díaz, por ejemplo, pero este es otro plano de la cultura. Yo me refiero a una estructura mental, a una disposición de la mente para percibir el mundo y expresarlo. Él era el mejor preparado, no solo porque fuese un latinista.

P. 8: ¿Cómo fueron las relaciones de Caro con el pensamiento de Andrés Bello?

D. M.: De mucho aprecio. Tiene todo un volumen sobre Bello. Por supuesto lo admiraba mucho como filólogo, notaba su empeño por subrayar los intereses propiamente americanos, elogiaba su espíritu práctico, pero no pone de presente el esfuerzo intelectual, racionalista, de Bello.

Caro pensador y hombre de acción

EN EL ESTUDIO DE la personalidad de Caro nos interesa, ante todo, el conjunto de problemas que la realidad le planteaba y las respuestas que él, teórica y políticamente, iba encontrando. De lo que hemos señalado hasta ahora surge la imagen de un Caro que no es solo un teórico, un intelectual, sino, en primer lugar, un hombre de acción que busca fundamentos ideológicos, en lo posible filosóficos, ciertamente religiosos, para orientar su actividad. Si tomamos en cuenta esta característica, entenderemos muy bien de dónde provienen algunos juicios que, leídos hoy, nos parecen despropósitos.

Darwin, por ejemplo, es para Caro simplemente un «especialista maniático». Ningún intelectual hacia finales del siglo XIX podría válidamente calificar de especialista maniático a quien estaba poniendo los fundamentos de una nueva ciencia. No nos vamos a detener en esto, pero ustedes comprenden la problemática derivada de la sola mención, en círculos intelectuales, de una obra y una figura como las de Darwin. Sin embargo, para Caro el asunto era simple: un especialista maniático.

¿Fue Caro un humanista?

Estos juicios, como otros que hemos visto relativos a la estética, a la ciencia, etc., eran dictados por la religiosidad de Caro. Él era, por sobre todo, un combatiente religioso, como se ha anotado, no simplemente un católico como fue su coetáneo y amigo Rufino Cuervo. Cuervo no era militante en el sentido de Caro, era un católico apacible, un creyente, pero su horizonte y su esfera de acción eran de otro carácter. Caro era un hombre de fe, no propiamente un humanista que pueda ser juzgado con los moldes del humanismo renacentista. Su obra es, ante todo, una obra apologética, pero quisiera detenerme un momento en esto: ¿Podría argumentarse que Caro, el latinista, era al mismo tiempo un humanista en el sentido en que lo fueron hombres como Lorenzo Valla, Rodolfo Agrícola, o Nicolás Maquiavelo? De ninguna manera. Humanista no es simplemente quien puede dominar una lengua antigua, en este caso, de manera particular el latín. Humanista es alguien capaz de asimilar la herencia cultural de una manera crítica y «en los odres viejos poner vino nuevo», como dicen los españoles, es decir, adecuar la tradición para incorporar una nueva cultura. Si ustedes examinan lo esencial del humanismo en los siglos XV, XVI, XVII y XVIII, esto es lo que encontrarán como característica fundamental.

La obra de Maquiavelo, de Rodolfo Agrícola, de Giovanni Pico della Mirandola, de toda la pléyade de grandes humanistas del Renacimiento, se caracteriza, ante todo, por haber afrontado la crítica de la herencia cultural acumulada hasta ese momento y haber realizado una asimilación crítica de esa herencia con el fin de adecuarla para recibir la nueva cultura. Sin adecuar este pasado cultural, de modo que se articulara orgánicamente con la nueva cultura, no hubiese sido posible el gran avance cultural que el Renacimiento significó.

Veamos, por ejemplo, la obra de Maquiavelo que es más cercana a nosotros. ¿Qué es lo que Maquiavelo realizó? Se adentró en el pasado para plantear preguntas y buscar respuestas en las obras de Tito Livio, de Tucídides, de Tácito, de los grandes pensadores políticos del pasado con quienes él, como solía decir, «conversaba largamente» en su biblioteca. Allí él establecía ese diálogo para llegar a una conclusión: ¿Qué nos enseñan estos autores de la Antigüedad para el presente, y sobre esta base, qué podemos elaborar como nueva cultura? De allí nacen *Las décadas de Tito Livio*, *La historia de Florencia*, *El príncipe*, todas sus obras fundamentales.

Si tomamos un humanista en otra esfera como Pico della Mirandola, por ejemplo, verán ustedes que un gran texto, clásico ya, —ampliamente conocido por los estudiantes— la «Oración acerca de la dignidad del hombre», es la asimilación crítica de los grandes valores que desde Grecia han venido acuñándose en Occidente; del troquel de la Antigüedad él tomó estos valores, los examinó y los puso como fundamento de la nueva dignidad del hombre, del nuevo concepto del hombre en el Renacimiento.

Ustedes pueden ver cómo la obra de cualesquiera de los humanistas de este tiempo no se redujo a ser obra de políticos, o poetas, o arquitectos, como Leon Battista Alberti en Italia, o de hombres religiosos como Philipp Melanchthon en el Renacimiento alemán, o de pensadores y economistas como Jean Bodin en Francia. Ellos se nutrieron del pensamiento de Platón, de Aristóteles, de los presocráticos, de la patrística y de toda la filosofía medieval, para encontrar allí, a partir de su asimilación crítica, elementos fundamentales para la nueva cultura. Sin esa criba o balance del pasado, el Renacimiento —movimiento de creación de una nueva cultura—, podría caracterizarse, apenas, como un conjunto de individuos que sabían, en su mayoría, lenguas antiguas y podían discutir sobre problemas de ciencia, filosofía, religión, arte, moral y política en su tiempo.

De Caro se podría decir que no asimiló críticamente el pasado, ni el de nuestro país, ni el de la cultura española, ni el de la cultura universal. Él no realizó esa asimilación crítica que caracteriza, como condición definitoria, el humanismo. Él fue un combatiente religioso, sin ninguna fisura en la manifestación y en la afirmación de su fe, sin asomo de duda. Fue un hombre de fe, pensador católico, pero no propiamente un humanista.

Por otra parte, se ha anotado que Caro sabía muy bien latín pero carecía de un conocimiento competente del griego. Luis López de Mesa lo ha hecho ver, polémicamente. En realidad, desde un punto de vista de la cultura académica (aunque hay que advertir que Caro fue un autodidacta), los dos campos en los que se movía con solvencia fueron la gramática española y la cultura latina. En estas dos áreas del saber humanístico dejó obras de reconocida aceptación en el mundo hispano. Como gramático, su *Tratado del participio* y las *Notas a la «Ortología y métrica» de don Andrés Bello*, son obras que aun en nuestros días son autoridad en sus respectivas áreas. Y como latinista, su *Gramática de la lengua latina*, escrita con la colaboración de Rufino José Cuervo, gozó durante varias décadas de una amplia aceptación internacional. El otro trabajo suyo que le dio fama de latinista fue la traducción de la obra de Virgilio, acompañada de notas explicativas de los términos usados por el poeta latino que ofrecían dificultades al traductor y que muestran su profundo conocimiento de la lengua del Lacio.

Si esto es así, podemos ver en Caro un intelectual provisto del latín y de algunas lenguas modernas como el inglés y el francés, un hombre de gran inteligencia y de carácter sumamente recio que decidió defender la fe católica y realizar sobre esta base una obra apologética. Una obra que, si bien no lo perfila como humanista, lo destaca como un cruzado del siglo XIX. Un cruzado que combatió por la fe en todos los campos que le fueron pertinentes, tanto en el plano intelectual como en el plano político.

Era del grupo de apologistas como José Manuel Groot, José Joaquín Ortiz, José María Vergara y Vergara pero, desde luego, mejor dotado que ellos. Como dijo Marco Fidel Suárez —un hombre que en cierta manera se le parecía— tenía una «espada mejor forjada». Esa «espada» era una inteligencia excepcional, un carácter a toda prueba, es decir, a prueba de todos los halagos del mundo y, a pesar de este ideologismo, de una sorprendente ductilidad para penetrar en lo real y percibirlo de una manera muy viva.

Por supuesto, este propósito apologético le imponía un límite a toda su actividad intelectual y también a su actividad política.

Para él lo que debían asimilar los pueblos y practicar los hombres individuales eran los fundamentos del cristianismo y la práctica del catolicismo vaticanista. Esta actitud es la que conforma sus ideas políticas y no su pretendido carácter humanista, como ilusoriamente han señalado algunos de sus comentaristas.

¿Estado cristiano o Estado burgués?

La cruzada de Caro por la fe se proyectó no solo en sus concepciones filosóficas, morales y estéticas sino, ante todo, en la tarea central de crear en nuestro país un Estado cristiano. Pero un Estado, para ser válido, no puede simplemente ser ideado por los intelectuales, en este caso por un intelectual, e impuesto a la sociedad civil. Entonces, ¿cómo puede Caro, provisto de este arsenal de ideologías, de fragmentos de doctrinas, emprender la creación de ese Estado? ¿En qué condiciones va a afrontar el cruzado, el de la apologética a toda costa, la tarea que se había propuesto de realizar un Estado cristiano?

Para responder esta pregunta debemos recordar en qué situación concreta se hallaba entonces el país. Pero *país* es una categoría sumamente abstracta; algo más asible sería preguntarnos: ¿cuál era la condición de la sociedad civil en ese tiempo? Desde el punto de vista del método que hemos tratado de seguir, esto nos permitirá saber hasta dónde podía ir Caro, cuáles eran sus límites, cuáles eran sus determinaciones. Esa sociedad civil está descrita en toda la historiografía de la segunda mitad del siglo XIX. Esos trabajos nos permiten deducir algo que parece comprobable: todavía no teníamos clases sociales modernas, eran embrionarias, existían apenas como gérmenes en algunas regiones del país. Era una sociedad estamental, una sociedad campesina, una sociedad precapitalista signada por una serie de ideologías que, desde luego, estaban dominadas por la Iglesia católica, por un pensamiento católico acendradamente clerical. Ese clericalismo se apoyaba en el costumbrismo religioso de las procesiones, las adoraciones de las imágenes de los santos, etc. Como saben ustedes, ese costumbrismo religioso, es decir, ese componente mágico, adherido parasitariamente al cuerpo de la religión racional, de la teología, fue aquello que la Reforma en el siglo XVI europeo occidental se propuso afrontar y destruir. Aquí, en el plano religioso, vivíamos todavía en esa atmósfera entre religiosa y mágica, con predominio de la magia, sin que se presentara ninguna tentativa radical de crítica reformista en el sentido de Lutero, Melanchthon o Ulrich von Hutten, grandes humanistas que combatieron contra todos los elementos mágicos presentes en el pensamiento religioso del siglo XVI.

Caro hubo de contar con este factor. El costumbrismo religioso y el carácter clerical del pensamiento católico naturalmente lo favorecían y tal vez sustentaban su actividad. Se les oponía, desde luego, el influjo del romanticismo que se expresaba aquí en un pensamiento liberal e individualista, sumamente fuerte y, de manera concreta, en los radicales. También se le oponían algunos grupos, incluso conservadores, teñidos de positivismo; pero la vasta masa practicaba un costumbrismo religioso que está muy bien registrado en toda clase de documentos de aquella época.

No conocemos ninguna crítica suya radical, coherente, orgánica a todo este costumbrismo religioso. Se le vio, en cambio, pronunciando discursos en honor de un santo u otro, en una iglesia o en la inauguración de una obra pía, pero todo es apologético, todo es defensivo, todo tiende a mostrar la bondad o superioridad de la práctica cristiana sin ninguna crítica, ninguna duda. No tuvo un solo interrogante como los que ya formulaban algunos de los grandes teólogos católicos franceses del siglo XIX. Es un hombre, como diríamos, de una sola pieza. Así, de una sola pieza, lo veían sus contemporáneos, sin matices.

Así ideó y planeó la realización de un Estado cristiano. Pero la sociedad civil no se componía solamente de este costumbrismo religioso, de este clericalismo guiado por la *Quanta Cura* y el *Syllabus*. Se componía también de comerciantes, fabricantes artesanales o manufactureros, de exportadores, ganaderos, mineros, etc., con intereses específicos que se proyectaban en el mercado, un mercado que requería para su funcionamiento una moneda. Todos estos intereses, contrapuestos en la práctica a este costumbrismo religioso, determinaron el campo en que Caro actuó y condicionaron su acción. Esta determinación quizás explica por qué ese Estado cristiano que él ideó debía ser realizado sobre el único molde teórico disponible en América Latina para construir un Estado adecuado al momento en que se vivía: el Código Civil napoleónico, que Andrés Bello tradujo y Chile había adoptado en lo fundamental. Sobre esta base Caro, como redactor del proyecto de la Constitución de 1886, se propuso, *ideológicamente*, realizar un Estado cristiano, pero se aproximó, *realmente*, a un Estado burgués.

Un Estado con los fundamentos teóricos y jurídicos del capitalismo no era un Estado cristiano tal como lo habrían soñado, por ejemplo, Francisco de Quevedo en el siglo XVII o alguno de los grandes reyes autoritarios de España en los siglos XVII o XVIII. No era el Estado cristiano que Caro hubiese querido. Las circunstancias de la sociedad civil, su dinámica propia, le imponían unas condiciones y unas directrices que habrían de conjugarse en una forma jurídica que, naturalmente, dependía de los actores en el momento, de su capacidad de penetración en el tejido social, de su destreza para hallar la expresión jurídica correspondiente a la dinámica de esa sociedad civil.

No es por azar, entonces, por lo que Caro, a regañadientes o no, pero sobre todo con un sentido práctico de hombre de acción, buscó adaptar de alguna manera la ideología cuando se trató de las relaciones económicas, de las relaciones de la sociedad civil y el Estado. Caro tuvo que aceptar las directrices que la sociedad moderna en Occidente ha seguido y que están contenidas en lo fundamental en el Código Civil de Napoleón y en la doctrina de la división de poderes de Montesquieu. Esa división de los tres poderes: ejecutivo, legislativo y judicial, es algo que Caro no pudo soslayar. Esto estaba ya dado en su tiempo y continúa siendo uno de los problemas que, podemos decirlo hoy, tras la crisis de las sociedades socialistas, el género humano no puede ya eludir.

Montesquieu —este barón francés autor de *El espíritu de las leyes* y *Las cartas persas*, que en el siglo XVIII dejó una obra de humanista sometiendo el pasado a examen y asimilación crítica, que escudriñó el derecho desde la Antigüedad hasta su tiempo—, sacó una de las conclusiones más trascendentales y cargadas de consecuencias de todos los tiempos: la necesidad de la división y equilibrio de los poderes públicos. Él comprobó cómo un poder sin controles, sin contrapesos en la esfera del poder, sujeta y esclaviza al individuo, y altera la marcha normal de las sociedades civiles. Por tanto, la experiencia, críticamente asimilada, enseña que la esfera del poder ha de tener contrapesos. Para Montesquieu los poderes ejecutivo, legislativo y judicial deben ejercer esos contrapesos buscando siempre mantener el equilibrio entre ellos. Ese equilibrio de poderes puede ser estable o inestable, según las luchas políticas y los intereses de la sociedad civil, pero el equilibrio es necesario porque, de lo contrario, el predominio de solo uno de ellos puede desestabilizar la sociedad entera. Esto, quiero insistir en esto, puede ser considerado un logro definitivo del género humano.

Recordemos que en otro plano del humanismo lo que hizo Maquiavelo fue encontrar las constantes de la política en la sociedad civil y establecer una serie de conclusiones como resultado de la asimilación crítica de todo el pasado. De la misma manera como hicieron, coetáneamente, Copérnico y poco después Galileo y otros grandes humanistas en las ciencias naturales, él buscó la relación constante, la razón o *ratio*, entre los elementos componentes de los fenómenos sociales y políticos. Cuál es, por ejemplo, la relación entre el príncipe, un elemento del fenómeno llamado poder, y su pueblo; cuál es la relación del príncipe y los otros príncipes; la relación del príncipe y la riqueza de la sociedad civil o de sectores de la sociedad civil; cuál es la relación de la Iglesia establecida y la sociedad civil; cuál es la relación entre la actividad colonial de un Estado y el príncipe que rige esas colonias, etc. Todas esas relaciones son estudiadas de una manera científica por Maquiavelo, sobre la base de la asimilación crítica del pasado.

Montesquieu hizo un examen similar, comparable científicamente al que realizó Maquiavelo, para llegar a conclusiones que tuvieron inmediata proyección en la Revolución francesa. Paulatinamente, la división de poderes se convirtió en los países occidentales en un principio insoslayable. Caro no podía prescindir de esta realidad. Él tuvo que reflexionar sobre ella, aprender cómo se controlan, mutuamente, las tres esferas del poder, y materializar este principio en una redacción constitucional como fundamento del Estado moderno liberal —liberal en el sentido de garantizar los derechos de los individuos, tal como el Romanticismo y, sobre todo, Benjamin Constant, discípulo de Montesquieu, habían señalado—.

Su contemporáneo monseñor Rafael María Carrasquilla constataba: «Si en Europa es raro todavía hallar republicanos católicos, sin ribetes del liberalismo teológico que reprueba la Iglesia, en cambio forman ellos, de setenta años acá, mayoría en las naciones hispanoamericanas»[1]. Y Caro fue, naturalmente, uno de estos «republicanos católicos», sin ribetes del liberalismo condenado por la Iglesia.

En las repúblicas hispanoamericanas casi todos los liberales son católicos, aceptan el catolicismo como una doctrina para la vida privada, sin muchos alardes, pero son sobre todo adictos al pensamiento liberal, en cuanto a los derechos del individuo y, sobre todo, defensores de la división de los tres poderes, de la concepción del Estado que estructuralmente ha señalado Montesquieu. Caro tuvo que adaptarse a esto. Ya Montesquieu había signado la época, es una parte del espíritu del tiempo que no puede ser eludido por ninguno de sus actores y ha marcado el campo de acción de la nueva política. Caro se adaptó, como hombre de acción, con sumo pragmatismo: llegó a un acuerdo con Núñez y de esa conjunción ideológica y de voluntades políticas surgió la Constitución que tenemos[2]; una Constitución reformada que, en los primeros años de su vigencia, daba un predominio considerable en la esfera de la educación a la Iglesia católica, con todas las deformaciones y los frenos que esto imponía en la enseñanza y en el avance cultural del país, pero que correspondía al nivel ideológico y de desarrollo

---

1 Citado por Valderrama, «Estudio preliminar», en Miguel Antonio Caro, *Obras*, vol. I, *Filosofía, religión, pedagogía* (Bogotá: Instituto Caro y Cuervo, 1962), XXXVII.

2 La Constitución de 1886 estaba vigente cuando se desarrolló este seminario en 1990. *[N. de la E.]*

intelectual de las vastas masas y de una considerable porción de los círculos dirigentes del país.

Valores que guían la visión de Caro: orden, justicia, perfección

Caro está guiado por principios inalterables de su filosofía que serían, según sus palabras: «orden, justicia, perfección». «Orden» ante todo, un ideal de orden que él había aprendido de los monarcas españoles del siglo XVII. «Justicia», fundamentada en la caridad, en la compasión por el otro, y «perfección», en el sentido de perfección moral de la propia persona. Estas concepciones, según él, constituyen la idea del bien y no pueden existir en abstracto, es decir, tocan el problema de la moral. Es aquí, precisamente, donde a él le importa actuar. ¿Cómo se logra el bien? Solo mediante la conjunción de orden, justicia y perfección. Pero para que esa idea del bien no se quede en lo abstracto debe estar encarnada en el Estado. Vamos pues a ver si el orden, la justicia y la perfección van de consuno a proyectarse en la esfera del Estado como manifestaciones reales de la sociedad civil.

La religión es para Caro el valor sobrenatural y la base de la caridad y, como tal, fundamento de la justicia social. Mencionamos esto porque aquí de nuevo se revela la influencia clara de Joseph de Maistre. Caro leyó, evidentemente, el *Ensayo sobre los principios generadores de las constituciones políticas y de las otras instituciones humanas*, publicado por primera vez en 1814. Ese libro estuvo presente en la mesa de trabajo de Caro y le inspiró lo que hemos señalado: la religión es un valor sobrenatural y es la base de la caridad; el orden, la justicia y la perfección constituyen la idea del bien. Este gran pensador de la contrarrevolución, enemigo de la Revolución francesa y de todos sus valores, está aquí transparente: signó el pensamiento de Caro y orientó su acción política. Pero, más que el aspecto intelectual, lo que le interesó a Caro fue descubrir a través de la obra de Joseph de Maistre el problema de la moral, el problema de la conducta colectiva y personal; y es aquí donde se nos aparece el hombre de acción que busca fundamentos teóricos para su acción.

«El catolicismo debe penetrarlo todo, apoderarse de todo, modificarlo y santificarlo todo»[3], escribió en 1871, al instalar la Juventud Católica de Bogotá. Pero esta no es la obra de un humanista; se trata, por el contrario, de una insurgencia contra el humanismo, de una afirmación antirevolucionaria, si tomamos como punto de referencia la Revolución francesa. No se trató de explicar o demostrar la validez del pensamiento católico para justificar su predominio, sino de imponerlo a toda costa en la sociedad y en el Estado. Tenemos ante nosotros la afirmación de la fe, la caridad y el amor en el sentido cristiano, la afirmación de la perfección moral de la persona, todo esto con la vocación o el designio apologético y militante de un cruzado.

Es verdad que Caro valoraba de manera especial la cultura de la antigüedad grecorromana y buscaba, como algunos en su tiempo, una articulación de esa herencia cultural y el catolicismo. Pero en aquella herencia cultural él solo buscó lo que pudiera servir a la Iglesia católica. Su actitud no se asemejó a la de un humanista del Renacimiento o del siglo XVIII. Fue la de un espíritu apologético que se vio cada vez más fortalecido por proverbios, por frases, por maneras de pensamiento de la antigüedad que él buscó, afanosamente, incorporar al pensamiento del catolicismo. A diferencia de su maestro francés Louis Veuillot, quien rechazó la antigüedad grecorromana por no haber sido cristiana, Caro buscó de todas maneras apoyo para su apologética en aquella cantera. Tal vez por eso se vio inducido a traducir toda la obra de Virgilio. Tal vez por eso se detuvo tanto tiempo en la explicación de la cuarta *Égloga* de Virgilio como anuncio profético de una Edad de Oro, tras el advenimiento de un salvador, de un Mesías: «[...] la verdad es que en esta *Égloga* hay vaticinios y esperanzas que la antigüedad

3 Miguel Antonio Caro, «Discurso al instalar la Juventud Católica de Bogotá», en *Obras*, vol. I, 731. [*La Caridad*, Bogotá, julio 6 de 1871].

pagana no podía tomar sino como sueños de un poeta, y que los cristianos hemos visto realizarse, hallándolos no solo bellos sino ciertos y perfectamente acordes con las santas profecías y con su cumplimiento»[4]. Esto es lo que él buscó y lo que efectivamente tomó de la antigüedad romana y griega.

Para Caro no hay duda de que Virgilio fue un poeta que elevó la lengua latina a un alto grado de su capacidad de expresión, dándole una ductilidad que le permitió expresar las sensaciones lo mismo que la percepción del paisaje. Él se empeñó, vastamente, no solo en la traducción completa de Virgilio sino en su defensa contra Homero. En ese tiempo se debatía en los grandes círculos académicos, sobre todo en los círculos de la latinidad europea, acerca del valor real de Virgilio. Para una cierta tendencia de la crítica estética, la obra de Virgilio no era más que una paráfrasis de parte de la obra de Homero, Eneas no es más que Odiseo y la *Eneida*, una copia de algunas leyendas amorosas ya presentes magistral, profunda y dramáticamente en Homero.

Pero esta crítica estética, que tuvo sus raíces en investigadores protestantes —alemanes y franceses, particularmente alemanes—, apuntaba también contra el pensamiento católico. Para ellos, Virgilio no era el antecesor del pensamiento cristiano, como pretendían los católicos. En su obra no se prefiguró a Jesucristo, como algunos comentadores de Virgilio, entre ellos Caro, lo anotaron. Virgilio no podía percibir la dinámica del tiempo. Simplemente era un poeta menor, un poeta sumamente fino en latín, pero de ninguna manera podría considerarse un gran creador similar a Homero. A Caro esto lo sublevó, lo irritó. Escribió que toda esta crítica tenía un interés político, no solo estético, y ante todo un interés antirreligioso, anticatólico. Y afirmó de modo apologético la validez de la obra de Virgilio, si no la superioridad, por lo menos una validez comparable a la de Homero y una originalidad que si no pudo probar, por

4 Miguel Antonio Caro, «Virgilio y el nacimiento del Salvador», en *Obras completas. Estudios literarios*, primera serie, vol. II (Bogotá: Imprenta Nacional, 1920), 39. [*La voz de la Patria*, Bogotá, enero de 1865].

lo menos dejó a salvo la fe de sus devotos creyentes católicos que no tenían manera de comprobar tales afirmaciones.

Aludo a todo esto para mostrar cómo el punto de vista apologético de sus concepciones estéticas, literarias, artísticas, lo llevó directamente a esta clase de discusión. Para él, la obra estética siempre aparece ligada con la religión y aquella que no está ligada con la religión es propiamente antiestética. Fe, piedad y poesía están, para él, vinculadas orgánicamente. Escribió que las creencias, prácticas y sentimientos religiosos determinan, de manera esencial, la creación poética y que «la incredulidad y la blasfemia» son «de naturaleza antiestética»[5].

Civilización, Estado, religión y virtud

Caro encontró entre el cristianismo y la sociedad una vinculación dinámica. La religión estaría en el origen del Estado, pues «en las fuentes históricas de todos los pueblos» aparece la religión como «elemento capital e indispensable del paso del estado salvaje a la noción de la ley»[6]. Para él, la civilización es simplemente «la aplicación del cristianismo a la sociedad», y «la disciplina católica es la verdadera forma en que Cristo ha querido que se aplique el cristianismo a los pueblos para hacerlos libres y grandes»[7]. En consonancia con esto, la religión debe ser la guía de los pueblos porque solo ella hace posible la virtud, y «la virtud es la base de la felicidad privada y pública»[8]. Pero, ¿cómo concibió Caro la virtud?

---

5 Miguel Antonio Caro, «Tejera y sus censores», en *Obras completas. Estudios literarios*, segunda serie, vol. III (Bogotá: Imprenta Nacional, 1921), 340. [*El Conservador*, Bogotá, octubre de 1882 a marzo de 1883].

6 Miguel Antonio Caro, «Menéndez Pelayo y la ciencia española», en *Obras completas. Estudios literarios*, segunda serie, vol. III, 293. [*El Conservador*, Bogotá, noviembre 16 de 1882].

7 Miguel Antonio Caro, «Editorial», en *Escritos políticos*, primera serie. (Bogotá: Instituto Caro y Cuervo, 1990), 18. [*El Tradicionista*, Bogotá, noviembre 7 de 1871].

8 Miguel Antonio Caro, «Oración de estudios», en *Obras*, vol. I, 1376. [*El Repertorio Colombiano*, Bogotá, 1880].

Es evidente que la concepción de la virtud en Caro es radicalmente distinta de la que forjó el humanismo. Para Maquiavelo, por ejemplo, la virtud no es simplemente perfección moral de la persona sino una condensación de los esfuerzos del individuo por desarrollar sus potencialidades, por hacerse fuerte, por hacerse apto para responder al desafío de las circunstancias dadas en cada momento por la naturaleza y por la historia. Así, la virtud se despliega como una fuerza a condición de que la persona posea cultura, ánimo despierto y capacidad para reconocer y aprovechar las circunstancias concretas. Lo que Maquiavelo llamó la fortuna es una conjunción particular de circunstancias exteriores con la propia fuerza personal.

No es esto lo que Caro concibe como virtud. Para él, la virtud es la perfección de la vida moral, perfección de la conducta y de los propósitos, con base en los principios del cristianismo. «Las doctrinas políticas se derivan de principios morales y los principios morales de verdades religiosas»[9], así definió Caro los fundamentos de la virtud, y, con ella, de la felicidad de los pueblos. Por esta razón, a quienes afirmaron que «ferrocarriles, telégrafos, escuelas son la necesidad del siglo XIX»[10], Caro respondió que «la gran necesidad de esos pueblos es la de acomodar mejor sus costumbres e instituciones al espíritu del cristianismo» (87).

Caro escribió esto en *El Tradicionista*, en 1872, pero en 1887, después de aprobada la nueva Constitución, hubo un matiz diferente. Aún insiste en que la Iglesia no puede ni debe predicar el progreso material pero, ya no lo condena: «La Iglesia no reprueba el progreso material, no condena en absoluto la riqueza, pero *directamente* no la fomenta, jamás la *predica*»[11]. Recordemos que la

9 Miguel Antonio Caro, «Principios y hechos», en *Escritos políticos*, primera serie, 1. [*La Unión Católica*. Bogotá agosto de 1871].

10 Miguel Antonio Caro, «El monstruo inaugural», en *Escritos políticos*, primera serie, 87. [*El Tradicionista*, abril 9 de 1872].

11 Miguel Antonio Caro, «Los enormes sueldos», en *Escritos políticos*, segunda serie, 244. [*El Orden*, Bogotá, mayo 4 de 1887. Reimpreso como folleto en la Imprenta de «La luz», junio de 1887].

proposición LXXX del *Syllabus* afirma que el Papa no puede ni debe «reconciliarse y transigir con el progreso, con el liberalismo y con la civilización modernos». Pero la sociedad civil se imponía y Caro, el hombre político, se vio obligado a admitir: «Si los múltiples ferrocarriles, el comercio floreciente, los suntuosos edificios, constituyen el verdadero progreso de las naciones, hay que reconocer que la riqueza —porque todo es riqueza— es el elemento principal de la civilización. Para montar fábricas, explotar minas, acometer todo linaje de empresas se requieren capitales fuertes, riqueza acumulada» (243). Pero este progreso material, para ser «plausible», debía estar subordinado al orden moral fundado en el cristianismo. Hay aquí un acomodo con la realidad, la sociedad civil impone aquí su peso.

Estado, educación y religión

Caro escribió en 1883: «En los países españoles no hay más religión que la católica, y quienes de ella reniegan se quedan sin religión alguna»[12]. De aquí se deprende para él la obligación del Estado de propiciar la religión: quedarse sin religión católica es quedarse sin virtud; en consecuencia, si la virtud es la base de la felicidad privada y pública, el Estado debe propiciar la religión. Y, por tanto, de nuevo de acuerdo con de Maistre, «la influencia de la religión en la organización de la educación es indiscutible». En la situación ideológica en que Colombia se encontraba entonces, esta posición de Caro era motivo de intenso debate e incluso de guerra, como sabemos por las crónicas, por los panfletos, etc. Por encima de todo, contra los alegatos de los liberales de tendencia radical, Caro estaba convencido de que era necesario imponer la educación religiosa. Recordemos que era un cruzado, sin asomo de dudas. Como el Estado que concebía Caro estaba destinado políticamente

12 Miguel Antonio Caro, «Tejera y sus censores», en *Obras Completas. Estudios literarios*, segunda serie, vol. III, 341. [*El Conservador*, Bogotá, octubre de 1882 a marzo de 1883].

a determinar la felicidad privada y pública, la educación religiosa era para él insoslayable.

El problema de la educación se resume para Caro en una fórmula política y administrativa: «Niños católicos piden maestros católicos». No hay ninguna escapatoria. Si los niños son católicos y los nuestros lo son, los maestros han de ser católicos. Pero, incluso «dados maestros extranjeros, solo con la enseñanza del catolicismo no sufre la dignidad de un país católico. El catolicismo es el patrimonio de todos; lo demás es extranjero, nacional[13], exclusivista. El protestantismo es anglicano en Inglaterra, como galicano en Francia, como germánico en Alemania. Por eso el protestantismo no es apostólico porque no es universal». El catolicismo es ciertamente romano, pero «Roma es de todos, menos de sus conquistadores que quieren nacionalizarla», escribía con espíritu ultramontano en *El Tradicionista*, en 1872.

Y en un artículo subsiguiente sobre «La religión y las escuelas» se preguntó: «¿Podrá llamarse en rigor *educación* la instrucción irreligiosa? No lo pensamos». Esto significa que en un país católico no puede haber más enseñanza legítima que la católica. «El hecho de querer educar a un pueblo fuera de la religión, la sola prescindencia de la religión en la enseñanza, aunque esta se llame laical y aunque trate de apoyarse en la separación de la Iglesia y el Estado, es para nosotros los católicos un crimen social, una pública apostasía a que por ningún título podemos contribuir»[14]. Estas afirmaciones constituyen en la práctica una oposición frontal a la pluralidad de cultos, pluralidad que, sin embargo, como impulsor de la Constitución de 1886 habrá naturalmente de aceptar, bien sea por imposiciones de la sociedad civil, por una percepción muy fina de las tendencias, o por búsqueda de equilibrio con Núñez.

Los radicales habían propugnado y tratado de realizar la educación gratuita y universal. Eso tuvo su origen, sobre todo, en la

---

13 Caro emplea aquí «nacional», en el sentido de opuesto a «universal». *[N. de la E.]*

14 Miguel Antonio Caro, «La religión y las escuelas» en *Obras*, vol. I, 1321. [*El Tradicionista*, Bogotá, junio de 1872].

Revolución industrial que hizo necesario tener trabajadores expertos en manejar máquinas cada vez más complicadas y se vio nítidamente en el siglo XIX: se necesitaba un pueblo trabajador que supiera leer y escribir. Recuerdo vivamente una gran polémica en Argentina entre Domingo F. Sarmiento y Juan B. Alberdi: «Para manejar la barreta en la mina hay que saber leer y escribir», decía Sarmiento, y es que en esto se conjugaba, precisamente, una realidad del tiempo.

Para Caro no se trataba de oponerse a la educación gratuita y universal, pero esa educación gratuita y universal debía estar bajo la tutela de la maestra por naturaleza que es, solamente, la Iglesia católica; lo expresó en una fórmula extremadamente diestra para su tiempo: la educación popular ha de ser «científica en su materia pero religiosa en su forma». Recordemos que en los países socialistas se ideó una fórmula similar: «La cultura nacional, en sus manifestaciones literarias, artísticas, etc., ha de ser nacional en la forma y socialista en el contenido».

Caro estableció por ese camino una relación entre el Estado y la educación. Por una parte, de acuerdo con la fórmula «científica en su materia pero religiosa en su forma», la educación oficial debe someterse a dos condiciones: «1.ª Que los maestros, nacionales o extranjeros, sean católicos; 2.ª Que la educación sea religiosa, en el sentido de que enseñen los maestros la doctrina católica por textos aprobados por la Iglesia, con exclusión de cualesquiera otros» (1323). Caro escribió esto en 1872 pero, dos años después de aprobada la Constitución de 1886, imbuido tal vez del espíritu del tiempo, afirmó: «si al Gobierno corresponde la inspección suprema sobre la educación como sobre toda industria, para que se mantenga dentro de su esfera propia y no degenere en fabricación y propagación de productos nocivos, no es suyo, empero el magisterio como función propia y permanente, sino por modo accidental y supletorio»[15]. Sobre estas bases, me parece, podemos empezar a comprender la

15 Miguel Antonio Caro, en *Obras Completas. Labores legislativas y estudios jurídicos*, vol. VII. (Bogotá: Imprenta Nacional, 1942), 111.

proyección de su pensamiento en la vida política del país, no solamente en el debate ideológico, sino de manera particular en la redacción de la Constitución.

Preguntas y comentarios

PARTICIPACIÓN 1 (WILSON LADINO): Partiendo de esa fundamentación religiosa de Caro, se observa una gran lógica y coherencia en la argumentación, en las conclusiones que Caro desarrolló. En sus *Escritos políticos*, vemos que él estableció una serie de fundamentos y a partir de ellos desarrolló ideas sobre la organización del Estado y sobre cómo su fundamento está en la virtud. Empieza diciendo «las doctrinas políticas se derivan de principios morales y los principios morales de verdades religiosas», y esto lo enfatiza en todos los textos de una manera muy coherente.

D. M.: Aquí tienen ustedes un problema que es, en primer lugar, gnoseológico, y, en segundo lugar, de método: es la relación entre la moral y la religión. Los grandes pensadores sociales modernos, no solo los positivistas, han mostrado que la identificación formal o equivalencia que se establece entre moral y religión es completamente insostenible. Pero eso no obsta para reconocer en la historia, en la evolución de todas las sociedades, cómo los distintos sistemas de moral apelan siempre a una sustentación religiosa. Es decir, hay una diferencia radical entre religión y moral, pero toda moral busca un fundamento religioso para poder imponerse.

Ustedes leen la Biblia, por ejemplo, y en el Deuteronomio encuentran un libro en que se apela a la creencia en Dios para imponer normas de conducta, incluyendo normas de higiene: «Jehová Dios anda en medio de tu campamento», por ello debes mantenerlo limpio, «para que él no vea en ti cosa inmunda». Algo similar se presenta en la historia de todos los pueblos. Los sistemas de moral se construyen de manera natural, pero los pueblos buscan siempre que sus normas sean, si no impuestas, por lo menos corroboradas por una creencia religiosa. Esta es una visión gnoseológica con consecuencias metodológicas en el estudio de la historia. Caro no tenía esta visión. Para Caro indisputablemente, sin ninguna duda, la religión es el origen de la moral y no puede separarse de ella, ni siquiera por razones de método.

P. 2: Para la época Caro era, si se me permite el uso del término, un adelantado intelectual en nuestro medio, pero en Europa el catolicismo se había constituido en un freno al desarrollo del capitalismo; si pensamos que el capitalismo encarnaba las fuerzas del progreso en Europa y allá la Iglesia estaba frenando ese progreso, frenando el capitalismo, ¿cómo se explica que aquí Caro sea uno de los pensadores modernos para la época?

D. M.: Caro está propugnando ese desarrollo aquí.

P. 3: Yo no lo veo así. Me parece más bien que con su pensamiento religioso y católico se constituyó en un elemento que frenaba el desarrollo capitalista.

D. M.: Ideológicamente, sí. Pero su pensamiento sobre la moneda, por ejemplo, indica otra cosa; indica que él estaba adhiriéndose, cada vez más, a las corrientes del pensamiento económico que propugnaban el papel moneda como medio más adecuado para la circulación y el avance de la producción en general. A favor de la desmetalización de la moneda adujo el avance de la minería y el comercio, en su tiempo, como una prueba del beneficio que esto estaba trayendo al país, etc.

P. 4: Pero entonces el liberalismo económico de Caro se contrapone a su conservatismo en lo ideológico y sobre todo en lo educativo.

D. M.: Esa es su contradicción. En esto sí me parece que los educadores tienen la tarea (y ya se ha hecho parcialmente) de mostrar cómo un sistema educativo inadecuado frena el desarrollo de las fuerzas productivas. Decir, por ejemplo, que la enseñanza debía utilizar textos exclusivamente católicos aprobados por la Iglesia era ignorar que en el siglo XIX los avances de la ciencia y la técnica no provenían de España, era ignorar que la corriente científica y técnica moderna no proviene, por lo común, de países católicos, si exceptuamos a Francia.

Él mismo, en sus *Estudios virgilianos*, se quejó de la chapucería de las ediciones clásicas españolas pues, hasta donde él sabía, «no han acertado nunca los españoles a sacar una buena y correcta edición de ningún escritor clásico». El «mal de erratas», es, según su experiencia, «enfermedad endémica de la tipografía española»[16]. Se quejó igualmente de la decadencia de los estudios clásicos españoles, y puso en contraste los estudios sobre la antigüedad provenientes de Alemania, de Inglaterra, de Francia. Él fue muy consciente de todo esto.

Sin embargo, al afirmar que la religión ha de estar en el fundamento y exigir que la educación esté bajo la tutela de la Iglesia católica y que los maestros sean católicos, contribuyó a realizar lo mismo que la Contrarreforma logró en los países católicos en el siglo XVI: aislar a nuestro país de la gran corriente del pensamiento moderno y científico, en este caso, en el nivel escolar y universitario. Aisló a nuestro país, eso se puede demostrar. Hay que ver los textos utilizados por los profesores ortodoxos en las escuelas de medicina para corroborar esto. De tal manera que usted está señalando un punto que debe ser esclarecido, debe ser tomado en cuenta. Si bien tiene, pragmáticamente, una actitud guiada por un pensamiento muy agudo sobre la moneda en ese momento, la política cultural que desprendida de su ortodoxia religiosa se proyectó, sin embargo, como un freno a las fuerzas productivas. Por eso es una figura muy ambigua, pero es la ambigüedad que tiene la sociedad civil.

P. 5 (ALBERTO MAYOR): ¿El grupo católico antioqueño fue uno de los grupos opositores a él, en cierta medida?

16 Miguel Antonio Caro, en *Estudios virgilianos*, segunda serie (Bogotá: Instituto Caro y Cuervo, 1986), 173-174.

D. M.: Sí. Es decir, en la práctica. No en el debate ideológico. Pedro Nel Ospina, Tulio Ospina, todos ellos, no solo se educaron en Norteamérica, en un país no católico, sino que trajeron textos heterodoxos, textos que por su proveniencia Caro no habría recomendado como fuente de la enseñanza.

Este es un aspecto muy importante: en los sitios donde el capitalismo va arraigando o va apuntando —Antioquia en este caso— se va rompiendo todo eso y se van abriendo paso en la sociedad civil otras tendencias que están en el fundamento del gobierno de Reyes, del gobierno republicano, de los gobiernos liberales en el sentido moderno de la palabra, gobiernos de mentalidad capitalista.

Un hombre católico como Carlos E. Restrepo contradijo a Caro, en la práctica, en su gobierno. El general Reyes, ni se diga. El general Reyes tenía como guía, no el catolicismo, sino el ejemplo de Porfirio Díaz en México y, por esta vía, el positivismo mexicano: llenar el país de carreteras, hacer una administración eficiente, tener unas universidades modernas, tales eran los grandes objetivos. Todo esto contradecía a Caro.

P. 6: Caro afirmó que aprobaba la riqueza, en la medida en que fuera para bien de la sociedad en general. Pero, dada la riqueza, ¿cómo podía controlar el que no estuviera en contra de las virtudes de la sociedad?

D. M.: Esas son sus contradicciones. Él dijo que la civilización es la aplicación del cristianismo a la sociedad y en alguno de sus escritos económicos habla de socialismo cristiano, un socialismo fundado en la caridad, que se opondría, desde luego, al capitalismo rampante, a las clases monopolistas.

P. 7: En la medida en que avanza el desarrollo capitalista se crean unas condiciones que favorecen en los trabajadores la adopción de las ideas socialistas o radicales. Aunque esto puede no ser tan claro por no haber una exacta confrontación, lo cierto es que hay un vivo radicalismo.

D. M.: Bueno, aquí hay manifestaciones de esas tendencias provenientes del 48 francés y del socialismo utópico. Están el periódico *El Alacrán*, los panfletos de Pablo Posada. Pero todo esto es apenas un reflejo que tendría aquí como base una masa artesanal, levantisca, pero no una clase obrera, eso todavía no existe. Hay un peonaje, hay una minería, una clase obrera en embrión, pero no existe una clase obrera en el sentido teórico estricto.

Hay anécdotas que ilustran esto. El general Benjamín Herrera era un hombre muy inculto pero con un sentido común muy vivo. Alguno de sus secretarios, tal vez José Mar, le escribió una proclama: «Como decía Emerson...», «No, José, no ponga eso». «¿Por qué no, si es una frase muy bella, General?», «Porque el país entero sabe que yo no he leído a Emerson». Y en otro párrafo: «Nosotros, que somos portavoces del proletariado,...». «No, no ponga proletariado». «Pero ¿por qué, General?». «Porque aquí no tenemos proletarios, sino peones». Él sabía, percibía, que una clase obrera moderna era todavía inexistente en esos comienzos del siglo XX.

P. 8: ¿Podemos pensar que Caro era un defensor de los sectores terratenientes?

D. M.: Yo no alcanzo a leer eso y no podría afirmarlo, no podría decir que fue un portavoz de los terratenientes de la Sabana o de la Costa; ellos, por la vía del impuesto, como sucedió después, fueron penalizados. Él tuvo vínculos, desde luego, con distintos sectores de los estamentos dirigentes, comerciantes, mineros, agricultores, pero no fue el portavoz directo de ellos.

P. 9: Pero sí quizás el sustento ideológico.

D. M.: Es muy interesante eso que usted dice, porque plantea el problema del intelectual en la sociedad. En una sociedad como esta, en aquel tiempo, ¿de quién es vocero Caro? ¿Es vocero de un grupo social específico tan afín a él que realmente puede expresarlo? ¿Es portavoz de una clase, de un estamento, de una agremiación, o simplemente está imbuido del espíritu de su tiempo? El espíritu del tiempo puede estar determinando una corriente económica, una corriente estética, una corriente religiosa o filosófica, que puede transparentarse en su obra, por ejemplo, al discutir sobre la moneda, o sobre la estética.

Seguramente coincide su visión de la moral con la de algunos estamentos terratenientes y también artesanales. Es muy probable que los artesanos de Bogotá fuesen más creyentes católicos, en muchos sectores, que los terratenientes; es muy probable que fuesen más afines debido a ese costumbrismo religioso, a ese pensamiento mágico que hemos señalado, pero esto requeriría un examen más detenido. Sin embargo, debemos estar alerta porque un intelectual como Caro es muy difícil de precisar. Se puede responder con un esquema: es un agente de la burguesía, o es un portavoz de los terratenientes. Pero eso es sumamente ambiguo.

P. 10 (WILSON LADINO): Sobre todo, si uno lee, por ejemplo, en el proyecto de Constitución de 1886, su defensa del voto universal, donde dice que la administración de justicia, la administración educativa y otros servicios públicos deben ser independientes de la gestión política y administrativa del territorio colombiano.

D. M.: Sí, no se puede decir que es portavoz de los capitalistas. El carácter ambiguo de su acción política y la univocidad de su pensamiento católico producen esa tensión permanente de su vida. Esa ambigüedad lo convierte en una figura intelectual, e incluso moral, atractiva.

P. 11: Pero podríamos señalar que en el pensamiento de Caro hay una máxima que bien podría ser: tener un pueblo o una sociedad civil virtuosos.

D. M.: Sí, pero eso no es solo de Caro. El general Santander también decía: «el ideal es tener un pueblo de hombres virtuosos y fortunas medianas». Eso no era de Caro, eso está en la moral de algunas capas. Pero naturalmente para Caro sí era una meta la virtud concebida como una estructura moral de la personalidad cristiana, en el molde del cristianismo. Por eso la insistencia en la educación.

P. 12: Uno de los reparos que él hizo fue que la religión se queda prácticamente en un mundo abstracto mientras que el Estado es algo que existe realmente.

D. M.: Pero el Estado, según Caro, se funda en esa moralidad y es agente de eticidad. Él no lo formuló así, obviamente, pero es muy importante estudiar estos textos bajo esa luz. Yo les propongo que tratemos de ver cómo todo esto va encarnándose en una posición política que tiende a la constitucionalidad, cómo la ortodoxia católica se conjuga con el sentido pragmático de la política que, tal vez, no podríamos explicar sino como una determinación del espíritu del tiempo. Faltaría precisar, con base en toda la documentación histórica, qué es el espíritu del tiempo en Colombia en ese momento y cómo se proyectó en la obra de Caro. Podríamos empezar por una exposición con base en el tomo de los *Escritos políticos*, tratando de ver, esencialmente, en qué consiste y qué significa este pensamiento político.

Pensamiento político de Miguel Antonio Caro*

DARÍO MESA: Hemos subrayado la influencia determinante del papado, de la política vaticanista, en la República que guió la acción de todos los católicos en Colombia y en el mundo. Pero no podemos ignorar la sensibilidad política extraordinaria de Caro, cuya cultura lo hacía cada vez más flexible y, por lo tanto, capaz de aprehender las peculiaridades de lo real. Tampoco podemos olvidar que Caro se vio inmerso en la ambigüedad, en una contradicción permanente no superada: fue un intelectual católico practicante y, al mismo tiempo, un político práctico que tuvo que cooperar con un socio positivista como Núñez en la empresa de la Regeneración. Vamos a analizar lo que se ve a través de sus escritos, las tendencias que se revelan allí.

WILSON LADINO: En los *Escritos políticos* de Caro, he tratado de identificar algunos problemas a partir de la guía que nos

* En este capítulo se recoge la intervención del sociólogo Wilson Ladino, participante en el seminario. *[N. de la E.]*

ofrece el profesor Mesa. Uno es el de la moral y la religión, el otro es el de la política y el político, cómo entiende Caro al político; el tercero, la noción que tiene Caro del derecho y, por ese camino, de la libertad, concepto implícito en la organización misma del Estado, en lo que él llama el poder político; y como cuarto problema cuál es su posición frente a la educación.

Sobre la moral y la religión

W. L.: El artículo «Principios y hechos», publicado en 1871, empieza así: «Las doctrinas políticas se derivan de principios morales y los principios morales de verdades religiosas»[2]. Allí se condensa, a mi ver, de manera clara, su orientación. Estas «doctrinas políticas» que se «derivan de principios morales» y estos «principios morales» que se derivan de «verdades religiosas», son su fundamento, su gran verdad, el gran postulado que desarrolló. Hemos de tener en cuenta que, tal como advierte su editor y comentarista Carlos Valderrama Andrade, en este breve periodo —entre 1871 y 1876—, de intensa actividad periodística y de lucha contra el radicalismo en el poder, se concentró la dinámica y el espíritu de lo que fue después el desarrollo de la obra de Caro.

Con Hegel entendemos la moralidad como el conjunto de tradiciones y comportamientos colectivos, de costumbres compartidas por una sociedad. La moralidad es distinta del sentimiento religioso, no se confunde con la religiosidad o el espíritu religioso. Pero Caro estableció un nexo indisoluble entre verdades religiosas y principios morales. En consecuencia, su pensamiento político y sus consideraciones

2 Miguel Antonio Caro, «Principios y hechos», en *Escritos políticos*, primera serie (Bogotá: Instituto Caro y Cuervo, 1990), 1. [*La Unión Católica*, Bogotá, agosto 6 de 1871].

sobre la moral fueron teñidos por esta conexión, por este fundamento religioso.

En el mismo artículo citado arriba, Caro afirma: «el *derecho*, noción fundamental de las ciencias políticas, es una consecuencia necesaria y privativa de verdades teológicas, tales como la Providencia divina y la vocación sobrenatural de las criaturas» (1). Comprobamos aquí la coherencia de Caro con su fundamento católico: para él, los principios religiosos católicos determinan la moral y esta, a su vez, determina el derecho. Más adelante agrega: «Según se alteren las creencias teológicas, se altera esomismo (sic) la idea del derecho y de los derechos» (1-2). Caro no entra a dilucidar claramente cuáles son las esferas propias del derecho, de la religión o de la moral. Entonces, según se alteren esas creencias teológicas, se alteran, así mismo, la idea del derecho y de los derechos, es decir, no se altera solo el concepto del derecho sino también los derechos históricamente consagrados, los derechos existentes en una sociedad.

En este punto introduce una referencia de Juan Donoso Cortés, otra de las fuentes de Caro, donde concluye: «en toda gran cuestión política se envuelve una gran cuestión teológica» (4), es decir que toda afirmación relativa a la sociedad o al Gobierno supone una afirmación relativa a Dios.

D. M.: Excúseme una interrupción. Quiero llamar la atención sobre esto. No hemos señalado la influencia de Donoso Cortés en las tendencias intelectuales conservadoras en el mundo hispanoamericano. Donoso fue un autor muy influyente en el siglo XIX. En el pensamiento político y en las reflexiones sobre el Estado fue un guía y un punto de referencia importante para Caro. Por ello, atendiendo la mención que hace el señor Wilson Ladino, me permito sugerir que si se ha de buscar la caracterización del intelectual colombiano en ese siglo no puede olvidarse, de ninguna manera, la referencia a este autor.

En épocas más recientes, algunos pensadores del constitucionalismo alemán como Carl Schmitt, quien fue uno de los juristas más prominentes del Estado nazi, se basaron expresamente en formulaciones de Donoso Cortés y trataron de divulgar su pensamiento en los círculos universitarios. Su concepción del derecho se vinculaba con una concepción cristiana del Estado, y además autoritaria, que luego se desarrolló en el pensamiento político europeo: en Italia y algunos sectores de Alemania, salvo en Francia, por lo que se sabe; pero particularmente, por lo que toca a nosotros, en España. El régimen de Franco se basó, en lo fundamental, en las directrices autoritarias de Donoso Cortés. Esas directrices estaban fundadas, como en la concepción de Caro, en la vinculación orgánica de la religión con el derecho, la moral, etc. La obra completa de Donoso Cortés está publicada en la Biblioteca de Autores Cristianos.

W. L.: Como veremos más adelante, el concepto de derecho que tiene Caro, del derecho positivo creado por los hombres, tiene una fundamentación en el derecho divino; el derecho natural es un derecho divino que deviene derecho y crea un derecho positivo.

Caro afirma que «[...] la cuestión religiosa es matemáticamente anterior a todas las cuestiones políticas» (4). Con lo cual quiere decir que de principios religiosos se derivan, como consecuencias lógicas, los asuntos políticos. Y más adelante agrega: «Todo principio está en la religión, como toda raíz en la tierra» (8), en consecuencia todas las doctrinas liberales tienen un fundamento falso, o más exactamente, no tienen fundamento. Nuestros principios, dice, son la verdad y la justicia: «[...] la verdad está en nuestro catecismo y la justicia en nuestras tradiciones y costumbres» (9).

Al tratar de indagar cuál es su concepto de justicia encuentro un problema: no hay en estos escritos de Caro una concepción clara de la justicia como poder público, en equilibrio con los poderes ejecutivo y legislativo. En un artículo que es continuación del anterior parecería atemperarse un poco el rigor católico al reconocer lazos entre lo científico y lo religioso: «Las ciencias políticas contienen una parte moral que se deriva de verdades religiosas, y una parte solo científica que se deriva del conocimiento de leyes naturales»[3]. Pero a continuación advierte que «[...] lo que les da a estas ciencias el carácter de sociales, lo que les transmite una importancia trascendental, su parte esencial en suma, es la parte moral» (11). Y, como para Caro sin base religiosa no hay moral, el fundamento de las ciencias políticas estaría finalmente en la religión. Él enfatizó siempre ese fundamento moral y religioso de la política. Sin embargo, cuando Caro escribió esto aún no había reflexionado claramente sobre el problema del Estado. Advirtiendo contra la tiranía y la injusticia, afirmó: «El orden sin religión adolece de dureza y está expuesto a convertirse en violencia; por eso proclamamos el orden unido a la religión, es decir, la saludable libertad cristiana»[4].

El papa Pío IX condenó la proposición: «La Iglesia debe estar separada del Estado y el Estado de la Iglesia». Caro considera que esa pretendida separación entre la Iglesia y el Estado, que los liberales defendían, era algo que atentaba contra la verdad religiosa expresada en el *Syllabus*. Refiriéndose al doctor Ezequiel Rojas dijo:

> Lo cierto es que él, en su frío escepticismo, nunca se mostró rabioso enemigo de la Iglesia; y aun era partidario, en sentido regalista, de la unión entre las dos potestades. Amigo y colega de Santander, Soto y Azuero, pertenecía a aquella antigua escuela de liberales-conservadores que quieren orden político y justicia severa en lo humano, y que admiten los principios religiosos, no como ley

3 Miguel Antonio Caro, «La escuela liberal», en *Escritos políticos*, primera serie, 11. [*La Unión Católica*, Bogotá, agosto 13 de 1871].

4 Miguel Antonio Caro, «La razón del escándalo», en *Escritos políticos*, primera serie, 76. [*El Tradicionista*, Bogotá, febrero 20 de 1872].

sobrenatural, sino como un elemento humano, como un aparato que coopera a la marcha armónica y pacífica del Estado, según la doctrina de Maquiavelo.[5]

D. M.: Perdón, aquí otro paréntesis. Hay un problema de método, sumamente embrollado en nuestra historiografía intelectual, que se refiere a la relación entre liberalismo y democracia. El movimiento propiamente democrático no fue liberal en sus comienzos; empezó a serlo solamente a finales de las décadas del 30 y del 40 del siglo XIX, bajo la influencia del pensamiento liberal francés, de manera particular el de Benjamin Constant. Constant insurgió contra las tendencias democráticas provenientes de Rousseau, pero en la polémica, en los vaivenes y en la interacción resultantes de aquí, el movimiento democrático fue adquiriendo, críticamente, algunos matices liberales.

En nuestro país es claramente visible eso en la polémica y en la acción política, en tiempos de Caro. Existían sectores propiamente democráticos, que se manifestaron alrededor de los años 48 y 50, y sectores puramente liberales, no propensos a la democracia, sino muy condicionalmente; por lo tanto no debe extrañarnos la mención de Caro a los que él llama liberales-conservadores, porque habría que ver, documentalmente, hasta dónde son demócratas y dónde dejan de serlo para ser principalmente liberales, liberales en el sentido de Benjamin Constant. Por eso, en un estudio de esta naturaleza, algunos textos de Constant serían ineludibles para ver cómo el liberalismo en sus comienzos insurgió contra todas las tendencias propiamente democráticas que a partir de Grecia han buscado imponerse en la sociedad y en el Estado, con menoscabo de la libertad personal, de la libertad individual. Lo que él propugnó fue la defensa del individuo

5 Miguel Antonio Caro, «Muerte del doctor Rojas», en *Escritos políticos*, primera serie, 282. [*El Tradicionista*, Bogotá, agosto 26 de 1873].

frente a la incursión de la sociedad como colectividad. Esto está presente en nuestra historiografía pero, a pesar de que los elementos están dados, no me parece que haya sido dilucidado claramente. En la Constitución del 86 es nítida la proyección de este problema: determinar lo que al individuo corresponde como derechos y lo que a la comunidad corresponde como sociedad, y cómo se articulan estas esferas.

Sobre el político y la sociedad civil

W. L.: Veamos cuál fue el pensamiento de Caro sobre el político; cuál es su tarea, qué condiciones debe cumplir, qué deberes le asigna. Caro dijo: «Los hombres que viven de la política material, de la empleomanía y de las farsas electorales; que no tienen otro horizonte, ni conocen otra atmósfera; no pueden elevarse nunca a la inteligencia de los altos destinos y verdaderos intereses de la sociedad civil»[6]. Para Caro, el político debe ser un hombre virtuoso y su acción desinteresada, porque le corresponde la tarea de educar y orientar a la sociedad. Pensando en lo que sería la tarea del hombre público, consideró que aquel que no sea capaz de abstraerse o distanciarse un poco de los intereses cercanos e inmediatos, que no sea capaz de abstraerse de los intereses particulares de un estamento, de un sector de la sociedad, y sea incapaz de entender cuáles son las tendencias y los verdaderos intereses de esa sociedad, no puede ser realmente ese hombre político digno de regir los altos destinos de la sociedad civil.

Una de las virtudes republicanas que Caro subrayó es la disposición a la publicidad de los sentimientos, deseos y aspiraciones de los candidatos a las corporaciones públicas:

> Hoy día, en todos los países que se precian de cultos y se alaban de ser regidos por instituciones democráticas, es costumbre

6 Miguel Antonio Caro, «Miradnos», en *Escritos políticos*, primera serie, 240. [*El Tradicionista*, Bogotá, enero 14 de 1873].

> que los hombres públicos manifiesten claramente sus principios y sus propósitos a fin de que los pueblos sepan a qué atenerse cuando sufragan por ellos para elevarlos al poder. [...] Por esto en países, como la Unión Americana e Inglaterra, se estila que los candidatos a representantes del pueblo exhiban previamente al público el programa de sus opiniones. Diráse que en esto sufre el pudor, pues no deja de ser penoso exhibir uno al público en calidad de candidato, lo que piensa, lo que desea y a lo que aspira. Mas esto no es culpa del candidato; es consecuencia del sistema democrático, a que deben resignarse los que le siguen. El sistema democrático es el gobierno de todos para todos; no el de todos para satisfacer la vergüenza o la vanidad de algunos.[7]

Si recordamos la reflexión de Platón en «El político», donde advierte que el político es el encargado de educar y dirigir a la sociedad, encontramos tangencias con el pensamiento de Caro. Max Weber dijo acerca del hombre político y de la política que el político es aquel que está en capacidad de dirigir o de influir en la dirección de un Estado.

¿Qué entendía Caro en ese momento por sociedad civil? En un discurso ante la Juventud Católica, en 1872, explicó:

> la sociedad civil es algo distinto de los ciudadanos y aún de la autoridad misma que la dirige. La sociedad es una entidad moral con sus derechos y deberes, [...] la sociedad existe porque el hombre es por naturaleza sociable; el hombre y la sociedad son coetáneos; la sociedad es el hombre en su existencia colectiva.[8]

Esta afirmación, «la sociedad es el hombre en su existencia colectiva», que reitera en varios apartes del mismo ar-

7 Miguel Antonio Caro, «El silencio y las contradicciones», en *Escritos políticos*, primera serie, 108. [*El Tradicionista*, Bogotá, abril 23 de 1872].

8 Miguel Antonio Caro, «El paganismo nuevo», en *Escritos políticos*, primera serie, 89. [*El Tradicionista*, Bogotá, abril 16 de 1872].

tículo, nos recuerda la reflexión de Marx en las «Tesis sobre Feuerbach», acerca de cómo la «esencia del hombre son las relaciones sociales». No sé hasta dónde podríamos encontrar aquí una cercanía. Marx pensaba en ese ser social, en esa sociedad constituida por la interacción de los individuos, como una necesidad: una segunda naturaleza humana tal, que solo en esa expresión social puede el hombre llegar a ser hombre. Podríamos decir con Caro que «la sociedad es el hombre en su existencia colectiva».

Por otra parte, el criterio cristiano que impregna el pensamiento de Caro lo llevó a consagrar la «desigualdad de condiciones» como algo necesario «en toda sociedad». Polemizando contra el liberalismo y sus consignas de «igualdad, libertad, fraternidad», afirmó que «esa teoría, madre de todas las teorías liberales, la teoría que localiza el mal social en la desigualdad, justifica el mal y lo aumenta»[9]. Caro contrapuso la resignación predicada por la Iglesia como «virtud capital», y calificó como «verdad principal» «el reconocimiento de que la desigualdad de condiciones, bien entendida y regulada no es un mal, no un desorden, sino bien y armonía» (247-248).

Sobre el derecho

¿Cuál es la visión del derecho que se revela en los escritos de Caro? Aquí hemos de recordar su afirmación en el texto «Principios y hechos»: «*el derecho*, noción fundamental de las ciencias políticas, es una consecuencia necesaria y privativa de verdades teológicas, tales como la Providencia divina y la vocación sobrenatural de las criaturas»[10].

9 Miguel Antonio Caro, «La lucha», en *Escritos políticos*, primera serie. 245-250. Edición de Carlos Valderrama Andrade. Bogotá: Instituto Caro y Cuervo, 1990. [*El Tradicionista*, Bogotá, marzo 15 de 1873].

10 Miguel Antonio Caro, «Principios y hechos», en *Escritos políticos*, primera serie, 1. [*La Unión Católica*, Bogotá, agosto 6 de 1871].

Para Caro, el derecho es algo fundamental; el derecho positivo, el derecho desarrollado por los hombres, es un devenir del derecho divino, un elemento sin el cual los hombres no podrían coexistir. Es la expresión más clara de cómo los hombres pueden realizarse en una sociedad determinada. Caro escribió en *El Tradicionista* en 1872: «Para nosotros los católicos, [el gobierno civil] sea lo que fuere, debe ser siempre *justicia, derecho divino*, es decir, derecho en el sentido más sublime de la palabra; derecho no tan solo *humana* sino *religiosamente* hablando»[11]. El Gobierno debe ser solamente «regulador de los intereses sociales según el derecho divino» (154).

En un manifiesto firmado en 1876 por Miguel Antonio Caro y varios «senadores plenipotenciarios y representantes por los estados soberanos de Antioquia y el Tolima», para protestar contra lo que consideraban una violación a la norma constitucional, se dice:

> Moderados y justos hemos debido ser en estos difíciles momentos, [...] pero persuadidos de que los intereses de la legalidad son inseparables de los de la paz y bienestar, hemos juzgado que cumplíamos un deber de justicia, sin faltar a las conveniencias públicas, oponiéndonos con todas nuestras fuerzas al arbitrario aumento o supresión de miembros en una u otra cámara. Hecho es este de la mayor gravedad, porque afecta la organización del congreso y desautoriza al par que vicia en su origen los actos del poder legislativo, clave sagrada del edificio político.[12]

La decisión del senado de excluir las dos diputaciones que presentaron credenciales por el Estado soberano de Panamá, sería, según los firmantes, una violación de la norma constitucional, esto es, del derecho positivo. Ellos

11 Miguel Antonio Caro, «Libertad liberal», en *Escritos políticos*, primera serie, 154. [*El Tradicionista*, Bogotá, julio 16 de 1872].

12 Miguel Antonio Caro, «La nación», en *Escritos políticos*, primera serie. 335. [*El Tradicionista*, Bogotá, febrero 18 de 1876].

afirman que sus exigencias proceden de «consideraciones de justicia y legalidad, y de ningún modo de intereses electorales» y que «para evitar males mayores» han creído conveniente volver a las cámaras. «En ellas procuraremos que por medio de leyes positivas se impida al menos en el futuro la repetición de abusos como los que hoy tenemos que deplorar» (339). Y en una «Contestación» subsiguiente reafirma Caro que se trata de «defender la legalidad y el derecho, que no son, no deben ser al menos, la causa de determinado partido sino la de todos los hombres honrados»[13]. Vemos así que para Caro el respeto del derecho es fundamental para que puedan desenvolverse armónicamente los intereses de una sociedad.

Diez años después, siendo presidente Rafael Núñez, Caro condensó su pensamiento sobre el derecho y particularmente sobre el derecho constitucional. Refiriéndose a la Constitución de Rionegro, aprobada en 1863, anotó lo siguiente:

> Si aquella ley escrita hubiese sido el reflejo auténtico de las condiciones orgánicas del país, los pueblos, sin reparar en los títulos del constituyente, la hubieran confirmado con su asentimiento y aún recibídola con gratitud; y todavía se le hubieran perdonado graves imperfecciones, si se hubiese declarado sometida a posterior revisión.[14]

D. M.: Esto nos recuerda las reflexiones de Montesquieu, aceptadas críticamente por Hegel, sobre las características de una Constitución: una Constitución no puede ignorar las tradiciones del pueblo, el grado de cultura, las condiciones geográficas, etc. Aquí se ve claramente la influencia directa

13 Miguel Antonio Caro, «Contestación», en *Escritos políticos*, primera serie, 342. [*El Tradicionista*, Bogotá, febrero 18 de 1876].

14 Miguel Antonio Caro, «Contestación al presidente de la República», en *Estudios constitucionales y jurídicos*, primera serie, 7. [*La Nación*, Bogotá, noviembre de 1885].

del pensamiento constitucional del siglo XVIII. Y Caro no podría sino estar de acuerdo.

PARTICIPACIÓN 1 (ALBERTO MAYOR): ¿Es adecuado en ese texto el uso de la palabra «reflejo»?

D. M.: Aquí hay un problema de orden metodológico. La palabra no es exacta porque el «reflejo» es meramente lo que se ve en un espejo. A propósito, en las críticas más ilustradas y más recientes de algunos marxistas, ya no se habla de reflejo; se dice que estas manifestaciones superestructurales están vinculadas orgánicamente —como muy bien lo dice Caro— a una situación social dada, es decir, que en este aspecto, son necesarias. Entonces la Constitución debería verse no como un mero reflejo, sino como una manifestación en la esfera del derecho, estructuralmente necesaria, de una situación determinada de la sociedad.

Volviendo a lo que nos decía Wilson, a lo que podría ser el estudio de los políticos y de los intelectuales del siglo XIX en nuestra cultura, habría que ver esto. Esos políticos habrían de calificarse por los intereses que representan de modo concreto: intelectual, económica, social y políticamente. Esto lo expresó de una manera casi perfecta el general Mosquera cuando le decían que era un tránsfuga, que estaba hoy en un partido y mañana en otro. Y él respondía: «es que yo no soy un hombre de partido, yo soy un hombre de Estado, que se sirve de los partidos para el Estado, pero no soy un hombre de partido». Perfecto, pero decir un hombre de Estado es referirse a un hombre capaz de ponerse por encima, relativamente, de los intereses puramente estamentales, pero expresando, conjugadamente, a todos. Expresarlos a todos era lo que buscaba Mosquera, y fue lo que, tal vez, realizó Núñez en su tiempo, a su nivel, y tal vez Caro. Esta es la concepción del héroe de Hegel.

W. L.: Es interesante ver cómo en una discusión, en los años 1874 y 1875, Caro argumentó que él no estaba adscrito al Partido Conservador sino en la medida en que ese partido pueda identificarse con los intereses generales, los intereses de la sociedad.

D. M.: Lo mismo que Mosquera. Pero fíjense ustedes la tensión. Los dirigentes políticos más avezados, diríamos, más lúcidos, percibían muy bien que se requería una visión por encima de los grupos para que el país tuviera una forma política adecuada en el Estado, y fue la angustia de Núñez.

W. L.: Caro afirmó, en consecuencia, que es una tragedia el hecho de que los candidatos a la Presidencia tengan que salir de los diferentes partidos. Que no salgan como un ciudadano cualquiera expresando —como se estila en la Unión Americana e Inglaterra— cuál es su programa, cuál es la acción que va a seguir en una administración particular, en un tiempo determinado; cuando lo ideal es que un ciudadano pueda ser elevado a la condición de presidente de la República de acuerdo con el conocimiento que los demás ciudadanos obtengan del proceso electoral.

Sobre el problema de la libertad

W. L.: A propósito de la libertad de cultos, durante este periodo hubo una discusión acerca de la libertad, acerca de qué es la libertad misma y cuáles son los derechos y deberes de los ciudadanos; en suma, la discusión giró en torno a cómo se desenvuelven los individuos en el seno de la sociedad.

En dos artículos sucesivos publicados en 1872 en *El Tradicionista*[15], Caro se refirió a las tesis de Émile de Girardin, a propósito de la conducta delictiva, expuestas en su libro *El derecho de castigar* (1871). Caro escribió:

> Si el hombre tiene derecho a pensarlo y a decirlo todo, lo tiene también a hacerlo todo: la libertad absoluta del pensamiento y de la

15 Se refiere a los artículos «Libertad liberal» y «El carro de la libertad». [N. *de la* E.]

> palabra, trae consigo la del vicio, la locura y el crimen. La libertad absoluta envuelve la libertad del mal. Tenemos derecho al mal como al bien; bien y mal son una misma cosa: tenemos derecho a todo.[16]

Pero «[...] si el ciudadano tiene derecho al mal, ¿de dónde el derecho de castigarle, que es uno de los mayores y más terribles atributos del poder público?» (159).

En esta discusión sobre la libertad de expresión y de acción, preocupó a Caro, ante todo, el problema de la definición legal y la sanción de la conducta delictiva: «si el legislador no tiene derecho para decir: "esto es bueno, esto es malo; esto digno de recompensa, aquello de castigo"; entonces ¿sobre qué bases asentaremos el derecho penal, todo derecho? ¿Cómo arreglaremos la sociedad?»[17].

Para Caro la respuesta es:

> Según los principios cristianos, los gobiernos tienen el derecho de castigar, porque tienen el deber de educar; [...] No hay derecho contra el derecho; y si yo tengo derecho al mal, nadie, ni por utilidad, tiene derecho a castigarme porque hago el mal. Lo que hay en realidad es que el liberalismo destruye la noción de derecho.[18]

Sobre el poder público y la soberanía

En concordancia con su noción del derecho, Caro estuvo interesado en afinar el concepto del poder público y resolver la cuestión acerca de dónde reside la soberanía. Escribió en 1873:

---

16 Miguel Antonio Caro, «El carro de la libertad», en *Escritos políticos*, primera serie, 159. [*El Tradicionista*, Bogotá, julio 25 de 1872].

17 Miguel Antonio Caro, «Libertad liberal», en *Escritos políticos*, primera serie, 153. [*El Tradicionista*, Bogotá, julio 16 de 1872].

18 Miguel Antonio Caro, «El carro de la libertad», 159-160.

> La soberanía del pueblo, como principio absoluto, significa que el pueblo, o sea la mayoría de los ciudadanos, tiene todo el poder social: esto quiere decir *soberanía*. Según esto el pueblo tiene derecho a dar y quitar el poder, y hacer por medio de sus representantes, *todo* lo que *quiera*, no todo lo que *debe*. Si reconocemos que el pueblo tiene deberes, esto supone que hay leyes anteriores y superiores a él, las cuales tiene que cumplir, y ya no es soberana su voluntad, ya no hay tal soberanía del pueblo.[19]

Si la soberanía del pueblo no es absoluta, ¿en dónde reside pues el fundamento de todo poder? Para Caro no hay ninguna duda, es «la soberanía de Dios, su justicia y sus mandamientos». De aquí su rechazo al «principio de la omnipotencia de los congresos», rechazo que en su visión no implica negar la representación popular ni repudiar el sistema democrático sino afirmar que «no hay derecho contra el derecho ni soberanía nacional o popular contra la soberanía de Dios»[20].

D. M.: En esta discusión podemos ver, una y otra vez, las diferencias entre una concepción democrática y una concepción liberal. Hoy es actual este debate. Caro usó la categoría de pueblo. Notemos que este concepto es peculiar de todas las sociedades precapitalistas; el pueblo es ese magma, ese conglomerado informe, donde no se destaca un grupo o clase dirigente, determinante de su acción. En la concepción rousseauniana de la democracia había una característica: el pueblo es soberano, el pueblo determina qué es bueno y qué es malo. El pueblo reunido en el ágora en Grecia decidía el destino de los individuos, y así fue condenado Sócrates. Montesquieu dijo: el individuo tiene que surgir como

19 Miguel Antonio Caro, «¡Si hubiera lógica!», en *Escritos políticos*, primera serie, 271-272. [*El Tradicionista*, Bogotá, junio 5 de 1873].

20 Miguel Antonio Caro, «El utilitarismo práctico», en *Escritos políticos*, primera serie, 126-127. [*El Tradicionista*, Bogotá, abril 30 de 1872].

contrapeso de esa ágora; el ágora no puede decidir, ni en el plano jurídico ni en el plano moral; la libertad de los individuos ha de tener una garantía en el Estado; pero, para que esto sea realizable, el poder de crear leyes, de ejecutarlas y de juzgar a los ciudadanos debe estar en manos de órganos del Estado independientes entre sí. Tal ha sido la base teórica del liberalismo a partir del siglo XIX. La contraposición entre la finalidad democrática y la finalidad liberal, entre las tendencias rousseaunianas y las arquetípicamente liberales, en el sentido de la primacía de las libertades individuales, es la contradicción fundamental en el seno del Partido Liberal en ese momento, entre los radicales, radicalmente democráticos, y los que son primordialmente liberales. Caro se opuso a ambas tendencias en nombre del principio católico: «toda potestad viene de Dios».

Utilitarismo, moralidad y economía

W. L.: En los escritos de juventud de Caro es evidente que sus percepciones de la realidad eran sesgadas por la militancia partidista religiosa. Quiero señalar algunas cercanías y distancias entre las tesis sostenidas en un artículo de 1872, titulado «El utilitarismo práctico», y los escritos publicados 20 años después, ya como hombre de Estado. La crítica de Caro a la administración de Murillo Toro se refirió en particular a la decisión de cambiar unilateralmente las condiciones de pago de la deuda pública, considerada onerosa debido a los altos intereses del capital, *por razones de utilidad.* «Hoy se trata de causarles a los acreedores nacionales de la república un perjuicio que redunda en provecho del público en general» (122). Los defensores aducen que «no se trata de la utilidad privada sino de la pública; que aquélla debe sacrificarse a ésta, y que tal regla es, según ellos, la suprema regla política. Nosotros, los que pertenecemos a la escuela del derecho, consultamos también la utilidad y creemos que el interés privado tiene también deberes para con el interés público, lo mismo que éste para con aquél. Averiguamos primero lo que es justo, y dentro de lo justo, indagamos luego lo que es más útil o provechoso. La diferencia, y cardinal por cierto, que hay entre las dos escuelas, es que nosotros queremos la utilidad subordinada a la justicia» (121). Quienes subordinan la justicia a la utilidad, según Caro, solo tienen dos alternativas: «o ponen la utilidad privada como única regla de moral, y esto los lleva a la anarquía; o ensalzan la pública sobre la privada y esto los lleva al despotismo» (121). «Aceptada la utilidad como único fundamento de la moralidad, es más lógico preferir la utilidad privada a la pública» (122). En este debate, sin decirlo expresamente, él defendió el interés privado por encima del interés del Estado, con el argumento de la justicia, afirmando que, en este caso, se trata de «una franca expoliación» (131), comparable a la desamortización de bienes eclesiásticos decretada por el general Mosquera. Y concluyó con gran énfasis: «El utilitarismo es un volcán de dos bocas que se llaman comunismo y cesarismo. Los males que hoy sufrimos dependen del utilitarismo. De Tracy y Bentham en las escuelas, y Mosqueras y Murillos en el gobierno, son dos corrientes necesariamente paralelas, y que irán aumentando, si no se represan fuertemente, su empuje y sus ondas devastadoras» (132).

Veinte años después, escribió:

> El Estado es más fuerte que los individuos y agrupaciones particulares. El Estado no puede ser ejecutado ni llevado a la cárcel. El Estado es soberano. Y como crédito y fuerza preponderante parecen conceptos incompatibles, pudiera inferirse que el Estado no tiene crédito sino fuerza. Pero no es así, sino que los combina, y resulta que el crédito del Estado que, al materializarse por la fuerza debiera dejar de ser crédito, es menos material, digámoslo así, más esencialmente moral, más crédito propiamente dicho que el crédito

privado, porque se perfecciona por el auxilio de la opinión o sea del crédito social. [...] Ahora bien: si un particular con crédito limitado, puede no solo contraer deudas o créditos pasivos, sino obtener ventajas positivas y beneficios gratuitos, ¿no podrá obtenerlos el Estado por medio de su crédito y de la combinación de su crédito con la fuerza, y con la opinión o crédito social?[21]

En su artículo «El utilitarismo práctico» de 1872, Caro había afirmado que «el crédito es un elemento esencialmente moral», y en este sentido encontramos continuidad en sus posiciones. Pero respecto al papel del Estado frente a los intereses particulares hay diferencias entre el polemista de oposición en la época de *El Tradicionista*, y el hombre público en el Gobierno. En otro artículo publicado a finales de 1891 escribió:

La introducción del papel-moneda fue impuesta por la guerra, y toda guerra, toda crisis, hace que unos pierdan y otros ganen. [...] Los inconvenientes de la introducción del papel-moneda fueron resultado del *cambio* de sistema, porque todo cambio trae perturbación; sus ventajas ulteriores son hijas del sistema *nuevo*. La introducción de máquinas perjudica, por lo pronto, a muchos obreros, mas luego se traduce en beneficio general.[22]

Aquí ya hay un concepto donde el interés general y el papel del Estado están por encima de los intereses particulares, aunque los afecte, como lo señaló aquí, transitoriamente, pues a la larga la acción del Estado tendrá que revertir en beneficio general.

21 Miguel Antonio Caro, «Arbitrios», en *Escritos sobre cuestiones económicas*, 2.ª ed. (Bogotá: Publicaciones del Banco de la República, 1956), 54-55. [*El Correo Nacional*, octubre de 1891].

22 Miguel Antonio Caro, «¿El papel moneda es deuda pública?», en *Escritos sobre cuestiones económicas*, 38. [*El Correo Nacional*, octubre de 1891].

D. M.: Yo agregaría que la actitud de Caro frente a la maquinización apunta a un elemento de nuestra herencia cultural. Para entender la proyección de esto es necesario tener en cuenta que coetáneamente en Inglaterra se estaban destruyendo las máquinas, había un movimiento contra la técnica. Entre nosotros también había toda clase de reticencias frente a la máquina, frente a la industria. Muy entrado este siglo había quien escribiera que los campesinos eran la fuerza de choque contra las ciudades, la luz eléctrica, los bancos, etc. Caro se sobrepone a esto, comprende que la maquinización naturalmente causa perjuicios, pero diría: estratégicamente favorece al país y favorece al mayor número. Esto me parece un punto de vista avanzado entonces y ahora, que no podría pasarse por alto.

W. L.: En el «Mensaje presidencial al Congreso de 1892», que es su primer informe como presidente, se puede percibir el cambio, no solo de acento o de perspectiva:

> El país necesita y seguirá necesitando la moneda fiduciaria, forma moderna y fecunda del crédito. La moneda de papel, como la imprenta, como el vapor, como el telégrafo, forma parte de la civilización moderna. Mientras los legisladores se inspiren en el interés público, la facultad de emitir será privilegio del Estado. [...] No hay necesidad de expresaros cuán poderosa sería la influencia económica, fiscal y política de la organización del Banco Nacional sobre bases semejantes y del crédito que adquiriría el billete emitido por el gobierno, bajo tan prósperos auspicios. La fecundidad de aquella institución sería mayor cada día, y de ella tendríamos fruto en todos los órdenes en la vida social y política. Pero es bien entendido que a ese resultado no se llega gratis ni por arte mágico, sino por sacrificios que representa la creación de nuevas rentas. [...] Toca a los representantes de la Nación, conocedores de las necesidades de los pueblos, y únicos autorizados, por tal título, para decretar

nuevas contribuciones, decidir si este cambio es prematuro, o si el desarrollo del país permite afrontarlo sin temor.[23]

Observemos esto: a pesar de que no había renunciado ni expresa ni tácitamente a su militancia religiosa, sus escritos como estadista se esforzaron por ver en la realidad del país, en el «movimiento inmanente de la cosa», la explicación del problema económico, no en la creencia o en la fe. Las anotaciones religiosas ocasionales eran más un recurso de escritor que un sustento serio y explicativo del tema que trataba; no eran parte del contexto explicativo, es decir, no estaban puestas allí como explicación o justificación, sino que eran más un recurso retórico.

D. M.: Lo que usted señala es importante y no se ha dicho sobre Caro; por eso debemos subrayar esto, discutirlo, precisarlo, como un problema de método y no meramente informativo.

P. 2: En ese texto Caro parecería atreverse a tratar las cosas del Estado independientemente de las de la Iglesia.

P. 3 (ALBERTO MAYOR): No. Me parece que Caro no pudo encontrar, en los principios de la religión, del catolicismo, alguna forma de explicar el problema económico. No se enredó en ese problema trayendo elementos de fe, de creencia, para explicar las cosas de la esfera económica, eso lo dejó de lado. Me parece que él fue muy pragmático en ese sentido. El problema del Estado hay que resolverlo a partir de la realidad. Pero no podríamos afirmar que él disoció las cuestiones administrativas del Estado de las que atañen a la Iglesia.

P. 4: Yo pienso que cuando Caro escribió estos artículos trataba de decir «lo del Estado es esto y lo de la Iglesia es aquello», porque tenía una concepción clara del papel de la Iglesia y

23 «Mensaje presidencial al Congreso de 1892», en *Escritos sobre cuestiones económicas*, 83-86. [Bogotá, septiembre 12 de 1892].

del Estado. Lo que él sí sabía nítidamente era que no contaba con los recursos de la creencia, o con la doctrina de la Iglesia católica, para poder explicar los fenómenos económicos.

D. M.: Él partió de algunos fundamentos que, desde luego, están condicionados por la creencia religiosa. La concepción, más que la creencia, de que la moralidad es la base del derecho es un fundamento epistemológico; pero de allí a que en la práctica —en el método, en el camino que recorre hacia el tratamiento de los objetos— esté determinado por la creencia, es algo que no se puede afirmar estrictamente. Usted está señalando que Caro es un hombre suficientemente avezado como para, si no divorciar esta acción de los fundamentos, al menos saber distinguir muy bien los diferentes planos en su estructura, en su naturaleza.

Anotaciones complementarias a las exposiciones de varios participantes

SI HEGEL TIENE RAZÓN, y nosotros lo hemos comprendido debidamente, de lo que se trata en este Seminario es de ver cómo lo que existía en ese momento en nuestro país era inevitable y necesario. Necesario en cuanto derivado de la estructura, es decir, de esas relaciones profundas entre los estamentos de la sociedad, que no son visibles, pero constituyen la esencia de esa sociedad civil. Expresado de una manera más general, de lo que se trata es de percibir a través de la apariencia, percibiendo muy bien la apariencia de las cosas, el ser de las cosas mismas, su esencia. En una de las introducciones a su *Filosofía del derecho*, Hegel afirmó que «lo que es real es racional y lo que es racional es real». Esto fue malentendido en su tiempo y posteriormente, en particular por los críticos de la socialdemocracia. Sin embargo, fue muy bien comprendido por Engels, quien señaló esa afirmación como el ápice, la quintaesencia del pensamiento de Hegel, porque es la expresión de la unidad entre el sujeto y el objeto, entre la apariencia y la esencia, de modo que ninguno de los términos puede ser concebido aisladamente sin tomar en cuenta su unidad. Nuestra tarea es tratar de percibir, en este caso concreto, a través de esta vasta información, la esencia del acontecer histórico.

En la crítica de la *Filosofía del derecho* de Hegel, dice Marx, citando al primero, que para él hay una historia *exotérica* y una historia *esotérica*. Los prefijos griegos son claramente definitorios de esas expresiones: lo exotérico —lo que es exterior y acontece visiblemente, lo que podemos ver y puede medirse— es diferente de lo esotérico —lo que está dentro, lo que está oculto, pero que se manifiesta o tiende a manifestarse en el exterior, en lo exotérico, en lo que está aconteciendo allí, perceptiblemente—.

Tenemos que ver, entonces, la situación de la sociedad civil en Colombia prescindiendo de todo patetismo, obligándonos a comprender de una manera racional lo que es real para poder entender y, por lo tanto, asimilar en nuestra historia una figura tan compleja, sugestiva y expresiva de la situación concreta, como Miguel Antonio Caro.

Caro y Núñez

En el tiempo del que hablamos, en nuestro país no había capitalismo predominante, ni predominaba exclusivamente un régimen colonial. Políticamente la Colonia había terminado, pero el régimen colonial sobrevivía con los impuestos y otras características persistentes a que debían atender todos y cada uno de los dirigentes políticos. Había una ambigüedad en la vida política, cultural, económica, etc. una contradicción no superada. La ambigüedad no es simplemente subjetiva, el analista no hace más que expresarla lógicamente, pero ella está en lo real. La ambigüedad en Caro es nítida, en Núñez también. El «traidor Núñez» es una expresión que se utiliza para ocultar, para bautizar la dificultad, no para esclarecerla. Si nos limitamos a decir, panfletariamente, como Vargas Vila: «el traidor Núñez», no esclarecemos absolutamente nada; lo que hacemos es calificar moralmente a un actor, pero no explicarlo. Núñez es un individuo que requiere explicación, porque él vivió en la ambigüedad y políticamente impulsó la superación de esta ambigüedad.

Tomemos, por ejemplo, el caso de la desamortización de manos muertas que suscitó la más viva indignación de Caro, registrada en varios artículos en *El Tradicionista*. Este decreto, dictado en septiembre de 1861 por el general Mosquera, tenía como fin inmediato obtener recursos para subsanar en parte la crisis del Tesoro Público. A manos del Estado pasaban las propiedades eclesiásticas con el objetivo de enajenarlas, a cambio del pago de una renta nominal. La consecuencia de fondo fue que la tierra, hasta ese momento en manos eclesiásticas, se convirtió en elemento de mercado. Fue Núñez, nombrado por Mosquera como secretario del Tesoro, quien tuvo a su cargo la ejecución práctica de lo que algunos denominaron una expoliación. El propio Núñez, ulterior aliado de Caro, fue quien afrontó la oposición de la jerarquía eclesiástica que culminó en su excomunión. A pesar de ello, justificó la medida como una necesidad histórica:

> La desamortización es una de esas medidas que tienen su día preciso, necesario, providencial, de localizarse en la marcha laboriosa de los pueblos hacia la civilización; y así, ella ya es del dominio de la Historia en casi todos los países de Europa, inclusive los más católicos, como Austria y España, porque es un absurdo monstruoso imaginar que tenga carácter religioso de ninguna especie, lo que siendo rigurosamente mundano y temporal, no se roza, ni puede remotamente rozarse, con el espíritu o la conciencia. [...] El Gobierno no ha cometido despojo, en el sentido filosófico de la palabra; no ha hecho más que dar una nueva organización al sistema rentístico de las corporaciones.[1]

Caro se encontró con esto cuando ya era parte del Gobierno. A pesar de que él obligó al Estado a resarcir a la Iglesia por los bienes de manos muertas, estos ya estaban en el mercado ¿Qué significaba esto? Que las capellanías, los bienes de manos muertas, se habían convertido en mercancía. La naturaleza revolucionaria de ese decreto, desde el punto de vista histórico, económico y social, consistió en realizar, en ese tiempo, lo que para algunos historia-

1 Rafael Núñez, citado por Liévano, *Rafael Núñez* (Bogotá: Ediciones Librería Siglo XX, 1946), 76.

dores constituye la más profunda reforma agraria del país. Este decreto puso en circulación mercancías por 10 millones de pesos para entonces, cuando el presupuesto nacional era de 2 millones. Es decir, se cumplió lo que Marx ya anticipaba en los *Manuscritos económicos y filosóficos* y analiza muy bien en *El capital*, acerca de cómo la tierra ineluctablemente se convierte en una mercancía. Caro se encontró con esa realidad. La tierra era ya una mercancía, el Estado puede resarcir a la Iglesia, pero la tierra se vende y se compra, como cualquier otro bien. Este es un elemento fundamental de la estructura económica nueva de la sociedad. Es decir, el país ya tenía una característica del capitalismo moderno: la tierra había empezado a ser una mercancía. Esto es parte del problema de la formación del mercado nacional. Sobre esta base, lo que siguió fueron las vías de comunicación, la organización administrativa, una dinámica que involucra al Estado, a los partidos políticos, incluso a la literatura.

En su «Exposición al Consejo de Delegatarios», dirigida el 11 de noviembre de 1885 al grupo que debía redactar el proyecto de nueva Constitución, Núñez trazó los lineamientos esenciales de lo que debía ser la base de «una estructura política y administrativa enteramente distinta de la que, manteniendo al país en crónico desorden, ha casi agotado sus naturales fuerzas»; y señaló lo que percibió lúcidamente como necesidad histórica:

> La nueva Constitución ha venido elaborándose silenciosamente en el alma del pueblo colombiano, a medida que sus públicos infortunios tomaban el carácter de crónicos, con agravación progresiva. [...] La reforma política, comúnmente llamada *Regeneración Fundamental*, no será, pues, copia de instituciones extrañas; ni parto de especulaciones aisladas de febriles cerebros: ella será un trabajo como de codificación natural y fácil del pensamiento y anhelo de la nación. Yo no he sido, ni soy, sino el ministro leal de esa convicción y de esa volición irresistibles.[2]

2 Rafael Núñez, «Exposición al Consejo de Delegatarios», en *Estudios constitucionales y jurídicos*, primera serie (Bogotá: Instituto Caro y Cuervo, 1986), 508. [Noviembre 11 de 1885].

En la respuesta de los consejeros, redactada por Caro, se afirma de nuevo esta percepción de las exigencias planteadas por nuevas realidades:

> El triunfo alcanzado no es, por dicha, obra de círculos estrechos: en el gran movimiento han tomado parte hombres de buena voluntad de distintas procedencias, una generación nueva, y considerable número de ciudadanos alejados antes de los negocios políticos. Por tanto, un consejo convocado bajo el título de nacional, y en armonía con la nueva faz del país, no puede representar soberanía de Estados, ni ambiciones de partido, ni particulares ni locales intereses. El consejo de delegatarios sirve a la nación entera.[3]

Aunque Núñez era un escéptico, percibió el catolicismo, esa tradición del pueblo, como una determinación de la sociedad civil, y por ello se vio forzado a plasmar eso en la Constitución, en acuerdo con Caro, el fundamentalista católico.

Sobre esta confluencia de individualidades con antecedentes personales y trasfondos intelectuales tan antagónicos, en la llamada Regeneración, escribe el editor y prologuista de la obra de Caro, Carlos Valderrama Andrade:

> Impulsado por Núñez el proceso que había de terminar en la redacción y aprobación de la Constitución de 1886, encontró en la sabiduría política de Caro su mejor complemento. Esto nos lleva a destacar el hecho de que dos hombres que venían de matrices filosóficas tan distintas —Núñez formado en el positivismo comtiano y spenceriano, y Caro estructurado en el estudio del conde de Maistre, del marqués de Valdegamas, Donoso Cortés y de Jaime Balmes— hubieran podido integrarse en el esfuerzo por sacar a Colombia del pantano a donde la habían llevado los excesos libertarios de la Constitución de Rionegro.[4]

---

3 Miguel Antonio Caro, «Contestación al presidente de la República», en *Estudios constitucionales y jurídicos*, primera serie (Bogotá: Instituto Caro y Cuervo, 1986), 9. [*La Nación*, Bogotá, noviembre de 1885].

4 Carlos Valderrama Andrade, «Estudio preliminar», en *Estudios constitucionales y jurídicos*, primera serie (Bogotá: Instituto Caro y Cuervo, 1986), XVIII.

Podemos preguntarnos ¿Al redactar la Constitución del 86 respondían Caro y Núñez a las exigencias reales de la nación colombiana en tal momento de nuestra historia?

En este Seminario fueron señalados los problemas relativos a la crisis del librecambismo, a la crisis derivada de la caída de precios del tabaco y el añil en el mercado mundial, a la crisis fiscal condicionada por el cierre de los préstamos de la banca internacional, como factores determinantes de la situación que puso término al gobierno Radical y abrió el camino a la Regeneración[5]. Sobre este fondo la tendencia proteccionista, que fue muy clara en las medidas de los años 80, parecía imponerse como necesaria. Quizá a partir de entonces se sintió con más fuerza la necesidad de un Estado capaz de garantizar la propiedad, pues no bastaba con que la carta legalizara la compra y venta de bienes. No había seguridad para los propietarios de tierra. Una economía, que se había convertido en una economía de guerra, hacía que toda la propiedad estuviera en suspenso; al paso de liberales o conservadores se decretaban confiscaciones y se establecían contribuciones forzosas. Estos antecedentes, según se ha expuesto en este Seminario, definían los objetivos característicos de la Regeneración.

Todo esto es parte del análisis de la anatomía de la sociedad civil, es decir, de la economía política, el sustentáculo de todo lo que está aconteciendo en la esfera política. Este análisis nos muestra de nuevo, metodológicamente, que si no atendemos a estos planos no podemos comprender debidamente este proceso ni el sentido histórico de estas figuras.

Acerca de las repercusiones del positivismo en nuestro país

¿Por qué las proyecciones teóricas, prácticas e ideológicas del positivismo no encontraron aquí una tierra nutricia donde arraigar? ¿Qué tiene que ver esto con la inexistencia o la precariedad de una

5 Algunos de los temas a los que se refiere el profesor Mesa no fueron recogidos en este libro por dificultades prácticas. *[N. de la E.]*

burguesía? ¿Cómo es que Caro, empeñado en la crítica al positivismo, no logró suscitar siquiera un diálogo vivo, polémico? ¿Cómo es que nadie lo contradijo, válidamente, desde el punto de vista de la burguesía? Es cierto que ya existía una burguesía en formación, que conoce Inglaterra, Francia, y los Estados Unidos. Los dos hechos fundamentales de la política mundial de la segunda mitad del siglo XIX, es decir, la unidad norteamericana y la unidad alemana ya estaban dados, y eso determinaba en buena parte nuestra política también.

Sin embargo, aquí faltó ese elemento dinamizador: la existencia de una burguesía capaz de sustentar, desde su punto de vista, la reflexión teórica. Y en cuanto a Caro, ¿no era su antipositivismo lo que le impedía comprender el proceso de modernización capitalista del país? Y esto a pesar de que, en otro contexto, la influencia del positivismo francés tuvo repercusiones importantes. Ya la hemos mencionado en el mayor de los intelectuales colombianos: Rufino José Cuervo. Su grande obra, el *Diccionario de construcción y régimen de la lengua castellana*, no hubiese sido posible sin su inmediato paradigma: Littré, el gran lingüista y positivista francés. Pero, por supuesto, sus distancias ideológicas son vastísimas porque Cuervo era un hombre católico y no podía aceptar las posiciones de algunos positivistas radicales; sin embargo, el método positivista, el estudio de la lengua como un hecho, la relaciones de los fonemas con otros, las relaciones con otras lenguas, la forma y la estructura interna de esas lenguas, es algo que Cuervo estudió como nadie, y por eso era el único de nuestros grandes intelectuales que sabía, exactamente, cuál era la querella alrededor del positivismo, lo que se llamaba entonces «la querella de los métodos» en las grandes universidades europeas. Podemos decir que el diccionario francés de Littré, que es un método de la lengua francesa, se duplica en nuestra lengua con el diccionario de Cuervo que, según los lingüistas, no tiene paralelo en su tiempo.

Debemos señalar, además, que Caro no ignoraba la vertiente del positivismo spenceriano, sobre todo en lo referente a la organización del Estado, la política y la sociedad. Y que Núñez, que vivió en

Inglaterra largo tiempo, deja transparentar una influencia de Spencer muy viva en su concepción orgánica de la sociedad y del Estado.

Sobre el individuo ante el Estado

Hemos mencionado un problema que ha estado presente como elemento fundamental en nuestra cultura: la contraposición del individuo y el Estado. Bolívar, que era en esto muy rousseauniano, fue criticado por círculos liberales; en Francia su crítico más notable fue Benjamín Constant, quien reafirmaba su tesis de que el individuo no puede ser subsumido por la sociedad ni por el Estado.

En el Estado griego, el individuo tenía que subyugarse, aceptar él mismo la sujeción. Ese individuo podía ser Platón, o Sócrates, o Alcibíades, pero debía someterse al ágora. Allí el individuo no contaba, lo que importaba era el grupo, el pueblo, la comunidad. Andando el tiempo, los romanos practicaron esto mismo. Fue necesario esperar hasta la Edad Media cuando, en el siglo XIII, en Inglaterra, el individuo comenzó a manifestar su poder por medio de la Carta Magna, afirmando la validez de valores individuales. Fue necesario esperar todavía una manifestación más nítida en nuestra lengua, la de los comuneros de Castilla, cuando insurgieron contra Carlos V diciendo: «nosotros, que solos valemos tanto como vos y que juntos valemos más que vos», para ver el surgimiento de la individualidad en el mundo moderno. Todo esto es lo que el pensamiento de Montesquieu, cimero en la teoría política después de Maquiavelo, expresó claramente. En esa estructura del Estado que él propuso, en ese equilibrio de los poderes, se busca entre otras cosas la preservación del individuo frente a la comunidad, reconociendo que esta tiene derechos, pero no puede subyugar al individuo. De allí se deriva claramente la reflexión de Benjamín Constant sobre la relación entre el individuo y el Estado. Esto estaba ya en la historia de las ideas y en el espíritu del tiempo y es lo que Caro en sus diversos escritos, aún sin tener ninguna afinidad intelectual con estas tendencias, ha de subrayar. El individuo ha de tener un peso específico definido frente al Estado. No es Rousseau, no es la democracia griega. Es una democracia moderna en el sentido de garantizar tanto la opinión colectiva como el valor específico del individuo que en esa colectividad ha de tener una eminencia inviolable.

No olvidemos el carácter estamental de nuestra sociedad, el hecho de que las clases en el sentido moderno apenas estaban en proceso de formación. ¿Cómo un individuo viviendo en esta ambigüedad de la sociedad civil, de la economía, del Estado, de la cultura, una ambigüedad que estaba en él mismo, cómo va a formular este problema? Lo acabamos de ver, Caro era defensor de la tradición católica, era un apologista de toda esa tradición, la *Quanta Cura* dirigía toda su acción. Pero no olvidemos que él admiraba en don Andrés Bello, consta en sus escritos, no solo su capacidad especulativa, sino también su sentido práctico. Ese sentido práctico era algo por él anhelado y en esto el espíritu del tiempo será un elemento determinante.

Aquí se ha dicho que existían en nuestro país «tendencias objetivas» hacia la democracia. ¿En qué se basa la tendencia objetiva, perceptible, hacia la democracia? Marx señaló cómo la creencia se «individualiza» con el protestantismo, porque no es algo que se pueda simplemente imponer al individuo desde fuera; el individuo la acepta para sí, como un asunto privado, pero al mismo tiempo ese individuo está inmerso en un conjunto de relaciones de que surge la producción. En la producción cada uno de los individuos tiene un papel, un peso específico, y de manera particular un tiempo de trabajo que debe emplear necesariamente para producir las cosas. El tiempo de trabajo de cada individuo tiene un peso real, mensurable, que constituye uno de los elementos de la nueva sociedad. Ya no es posible menospreciar a los individuos según las categorías sociales, hay que valorarlos según su capacidad para volcarse sobre el mundo exterior creando las cosas e invirtiendo en esa creación un cierto tiempo de trabajo. A partir de allí hay una serie de reflexiones posibles: la democracia es algo que la sociedad civil moderna, la sociedad burguesa, crea en su propio desarrollo como una forma dentro de la cual las contradicciones múltiples se van desarrollando y solucionando.

Una Constitución, que ha de ser el fundamento de la acción del gobernante, trátese de un príncipe protestante o un presidente de la República, debe ser la conjugación de toda la historia del pueblo, de sus condiciones geográficas, de sus tradiciones, de su psicología. Hegel diría que es la determinación del concepto universal, el momento objetivo del concepto, la racionalidad desarrollada y realizada.

Tenemos que esforzarnos por ver estos sucesos de la historia nuestra, que aparecen a veces tan modestos, como elementos de la historia mundial; esto quiere decir que lo que está aconteciendo en la época de Caro está vinculado con la industria inglesa, con la política norteamericana, con el mundo de ideas de ese momento, es decir con el espíritu del tiempo, etc.

El pueblo como concepto y como realidad histórica

Hegel en su *Filosofía del derecho* habla del pueblo. Pueblo era un sustantivo común en la literatura política y social de antes de la Revolución francesa; de clases sociales propiamente no empieza a hablarse sino tardíamente; hasta 1848 en la literatura política solo se hablaba de pueblo.

¿Qué es pueblo como concepto? Salvadas todas las distancias culturales, ¿es pueblo para Caro esencialmente lo mismo que pueblo para Hegel, en el plano sociológico e histórico? Tengamos en cuenta esto: el pueblo como tal, como realidad histórica, se forma en un periodo de tiempo específico. Los antropólogos, los etnógrafos, lo saben muy bien: la familia y luego las familias extensas constituyen la base de los clanes, todo esto sobre un fundamento, la consanguinidad, la unidad por la sangre. La tribu se constituye a partir de estas aglomeraciones de clanes, pero la tribu se forma ya no predominantemente sobre la sangre, sino sobre el interés económico de la tierra, se caracteriza por la fijación a la tierra. El pueblo va surgiendo como realidad histórica sobre la base de una aglomeración de tribus; ese conjunto de tribus que pueblan un territorio dado constituyen, finalmente, el pueblo. El pueblo de

Israel, por ejemplo, se compone de las doce tribus, las siete colinas de Roma estaban pobladas por siete tribus. La historia de los germanos es la misma: un conjunto de tribus que pueblan el territorio circundante del Rhin, o al este del Elba; las tribus que pueblan lo que es hoy Finlandia, por ejemplo, con una lengua particular, o las tribus que pueblan lo que es hoy Noruega y Suecia, o las tribus que primitivamente encuentran aquí los conquistadores, dirigidas por zipas, zaques, etc. Todos estos son procesos en los cuales el pueblo se forma sobre la base de la organización de tribus unidas en la utilización de la tierra. Ahora bien, este pueblo es el que nosotros tenemos presente en el momento de Hegel, es el pueblo de la Edad Media, es el pueblo del Renacimiento, hasta una periodo clave, el de la Revolución Industrial, en que todo esto se trastoca, y aparecen paulatinamente las clases sociales modernas.

El pueblo avanza históricamente y se constituye orgánicamente en el Estado. Hegel decía que un pueblo que no haya sido capaz de construir un Estado no tiene destino histórico, porque no se presenta en la historia frente a otros pueblos como soberano. Soberanía, no lo olvidemos, es la capacidad de autodeterminación, trátese de la comunidad o del individuo. Es finalmente un problema de juego de fuerzas, como resultado del cual se establece una constelación de Estados donde el peso específico de cada uno se mide modernamente, es decir históricamente, por la industria, la agricultura, la ciencia, la cultura, etc.

Bibliografía

Caro, Miguel Antonio. «Arbitrios», en *Escritos sobre cuestiones económicas*, 2.ª ed., 53-59. Bogotá: Publicaciones del Banco de la República, 1956. [*El Correo Nacional*, octubre de 1891].

—. «Contestación al presidente de la República», en *Estudios constitucionales y jurídicos*, primera serie, 5-11. Edición de Carlos Valderrama Andrade. Bogotá: Instituto Caro y Cuervo, 1986. [*La Nación*, Bogotá, noviembre de 1885].

—. «Contestación», en *Escritos políticos*, primera serie, 342-343. Edición de Carlos Valderrama Andrade. Bogotá: Instituto Caro y Cuervo, 1990. [*El Tradicionista*, Bogotá, febrero 18 de 1876].

—. «Discurso al instalar la Juventud Católica de Bogotá», en *Obras. Filosofía, religión, pedagogía*, vol. I, 727-733. Bogotá: Instituto Caro y Cuervo, 1962. [*La Caridad*, Bogotá, julio 6 de 1871].

—. «Editorial», en *Escritos políticos*, primera serie, 18-26. Edición de Carlos Valderrama Andrade. Bogotá: Instituto Caro y Cuervo, 1990. [*El Tradicionista*, Bogotá, noviembre 7 de 1871].

—. «El carro de la libertad», en *Escritos políticos*, primera serie, 158-163. Edición de Carlos Valderrama Andrade. Bogotá: Instituto Caro y Cuervo, 1990. [*El Tradicionista*, Bogotá, julio 25 de 1872].

—. «El darwinismo y las misiones», en *Obras. Filosofía, religión, pedagogía*, vol. I, 1048-1107. Edición de Carlos Valderrama Andrade. Bogotá: Instituto Caro y Cuervo, 1962. [*El Repertorio Colombiano*, Bogotá, tomo XII y tomo XIII, septiembre de 1886 a marzo de 1887].

—. «El monstruo inaugural», en *Escritos políticos*, primera serie, 85-87. Edición de Carlos Valderrama Andrade. Bogotá: Instituto Caro y Cuervo, 1990. [*El Tradicionista*, abril 9 de 1872].

—. «El paganismo nuevo», en *Escritos políticos*, primera serie, 88-107. Edición de Carlos Valderrama Andrade. Bogotá: Instituto Caro y Cuervo, 1990. [*El Tradicionista*, Bogotá, abril 16 de 1872].

—. «¿El papel moneda es deuda pública?», en *Escritos sobre cuestiones económicas*, 2.ª ed., 31-40. Bogotá: Publicaciones del Banco de la República, 1956. [*El Correo Nacional*, octubre de 1891].

—. «El silencio y las contradicciones», en *Escritos políticos*, primera serie, 108-118. Edición de Carlos Valderrama Andrade. Bogotá: Instituto Caro y Cuervo, 1990. [*El Tradicionista*, Bogotá, abril 23 de 1872].

—. «El *Syllabus*», en *Obras. Filosofía, religión, pedagogía*, vol. I. 900-906. Edición de Carlos Valderrama Andrade. Bogotá: Instituto Caro y Cuervo, 1962. [*El Tradicionista*, Bogotá, octubre de 1873].

—. «El utilitarismo práctico», en *Escritos políticos*, primera serie. 119-132. Edición de Carlos Valderrama Andrade. Bogotá: Instituto Caro y Cuervo, 1990. [*El Tradicionista*, Bogotá, abril 30 de 1872].

—. *Escritos políticos*, primera serie. Edición de Carlos Valderrama Andrade. Bogotá: Instituto Caro y Cuervo, 1990.

—. *Escritos políticos*, segunda serie. Edición de Carlos Valderrama Andrade. Bogotá: Instituto Caro y Cuervo, 1990.

—. *Escritos sobre cuestiones económicas*, 2.ª ed. Bogotá: Publicaciones del Banco de la República, 1956.

—. «Establecimientos de crédito. Informes en el Consejo Nacional Constituyente», en *Obras completas. Labores legislativas y estudios jurídicos*, vol. VII, 106-109. Edición a cargo de Víctor Eduardo Caro y Antonio Gómez Restrepo. Bogotá: Imprenta Nacional, 1942. [Abril 29 de 1886].

—. «Estudio sobre el utilitarismo», en *Obras. Filosofía, religión, pedagogía*, vol. I, 3-271. Edición de Carlos Valderrama Andrade. Bogotá: Instituto Caro y Cuervo, 1962. [*Estudios sobre el utilitarismo.* Bogotá: Imprenta de Foción Mantilla, 1869].

—. *Estudios constitucionales y jurídicos*, primera serie. Edición de Carlos Valderrama Andrade. Bogotá: Instituto Caro y Cuervo, 1986.

—. *Estudios constitucionales y jurídicos*, segunda serie. Edición de Carlos Valderrama Andrade. Bogotá: Instituto Caro y Cuervo, 1986.

—. *Estudios virgilianos*, segunda serie. Edición de Carlos Valderrama Andrade. Bogotá: Instituto Caro y Cuervo, 1986.

—. «Informe sobre los *Elementos de ideología* de Tracy», en *Obras. Filosofía, religión, pedagogía*, vol. I. 429-556. Edición de Carlos

Valderrama Andrade. Bogotá: Instituto Caro y Cuervo, 1962. [*Anales de la Universidad Nacional de los Estados Unidos de Colombia*, Bogotá, tomo IV, 1870].

—. «La escuela liberal», en *Escritos políticos*, primera serie, 11-17. Edición de Carlos Valderrama Andrade. Bogotá: Instituto Caro y Cuervo, 1990. [*La Unión Católica*, Bogotá, agosto 13 de 1871].

—. «La lucha», en *Escritos políticos*, primera serie, 245-250. Edición de Carlos Valderrama Andrade. Bogotá: Instituto Caro y Cuervo, 1990. [*El Tradicionista*, Bogotá, marzo 15 de 1873].

—. «La nación», en *Escritos políticos*, primera serie, 335-340. Edición de Carlos Valderrama Andrade. Bogotá: Instituto Caro y Cuervo, 1990. [*El Tradicionista*, Bogotá, febrero 18 de 1876].

—. «La razón del escándalo», en *Escritos políticos*, primera serie, 75-84. Edición de Carlos Valderrama Andrade. Bogotá: Instituto Caro y Cuervo, 1990. [*El Tradicionista*, Bogotá, febrero 20 de 1872].

—. «La religión y las escuelas», en *Obras. Filosofía, religión, pedagogía*, vol. I, 1286-1325. Edición de Carlos Valderrama Andrade. Bogotá: Instituto Caro y Cuervo, 1962. [*El Tradicionista*, Bogotá, junio de 1872].

—. «Libertad liberal», en *Escritos políticos*, primera serie, 144-157. Edición de Carlos Valderrama Andrade. Bogotá: Instituto Caro y Cuervo, 1990. [*El Tradicionista*, Bogotá, julio 16 de 1872].

—. «Los enormes sueldos», en *Escritos políticos*, segunda serie, 192-260. Edición de Carlos Valderrama Andrade. Bogotá: Instituto Caro y Cuervo, 1990. [*El Orden*, Bogotá, mayo 4 de 1887. Reimpreso como folleto en la Imprenta de «La luz», junio de 1887].

—. «Menéndez Pelayo y la ciencia española», en *Obras completas. Estudios literarios*, segunda serie, vol. III, 263-311. Edición a cargo de Víctor Eduardo Caro y Antonio Gómez Restrepo. Bogotá: Imprenta Nacional, 1921. [*El Conservador*, Bogotá, noviembre 16 de 1882].

—. «Mensaje presidencial al Congreso de 1892», en *Escritos sobre cuestiones económicas*, 2.ª ed., 73-87. Bogotá: Publicaciones del Banco de la República, 1956. [Bogotá, septiembre 12 de 1892].

—. «Miradnos», en *Escritos políticos*, primera serie, 240-244. Edición de Carlos Valderrama Andrade. Bogotá: Instituto Caro y Cuervo, 1990. [*El Tradicionista*, Bogotá, enero 14 de 1873].

—. «Muerte del doctor Rojas», en *Escritos políticos*, primera serie, 279-287. Edición de Carlos Valderrama Andrade. Bogotá: Instituto Caro y Cuervo, 1990. [*El Tradicionista*, Bogotá, agosto 26 de 1873].

—. *Obras completas. Estudios literarios*, primera serie, vol. II. Edición a cargo de Víctor Eduardo Caro y Antonio Gómez Restrepo. Bogotá: Imprenta Nacional, 1920.

—. *Obras Completas. Estudios literarios*, segunda serie, vol. III. Edición a cargo de Víctor Eduardo Caro y Antonio Gómez Restrepo. Bogotá: Imprenta Nacional, 1921.

—. *Obras Completas. Labores legislativas y estudios jurídicos*, vol. VII. Edición a cargo de Víctor Eduardo Caro y Antonio Gómez Restrepo. Bogotá: Imprenta Nacional, 1942.

—. *Obras. Filosofía, religión, pedagogía*, vol. I. Edición de Carlos Valderrama Andrade. Bogotá: Instituto Caro y Cuervo, 1962.

—. «Oración de estudios», en *Obras. Filosofía, religión, pedagogía*, vol. I, 1374-1385. Edición de Carlos Valderrama Andrade. Bogotá: Instituto Caro y Cuervo, 1962. [*El Repertorio Colombiano*, Bogotá, 1880].

—. «Principios y hechos», en *Escritos políticos*, primera serie, 1-10. Edición de Carlos Valderrama Andrade. Bogotá: Instituto Caro y Cuervo, 1990. [*La Unión Católica*, Bogotá, agosto 6 de 1871].

—. «Propiedad gratuita», en *Escritos sobre cuestiones económicas*, 2.ª ed., 48-52. Bogotá: Publicaciones del Banco de la República, 1956. [El *Correo Nacional*, octubre de 1891].

—. «Punto de vista», en *Escritos sobre cuestiones económicas*. 2.ª ed. 16-28. Bogotá: Publicaciones del Banco de la República, 1956. [*El Siglo* XX, Bogotá, 1890].

—. «Religión y ciencia», en *Obras. Filosofía, religión, pedagogía*, vol. I, 1131-1134. Edición de Carlos Valderrama Andrade. Bogotá: Instituto Caro y Cuervo, 1962. [*La Nación*, Bogotá, marzo 2 de 1888].

—. «¡Si hubiera lógica!», en *Escritos políticos*, primera serie, 270-274. Edición de Carlos Valderrama Andrade. Bogotá: Instituto Caro y Cuervo, 1990. [*El Tradicionista*, Bogotá, junio 5 de 1873].

—. «Tejera y sus censores», en *Obras completas. Estudios literarios*, segunda serie, vol. III, 312-353. Edición a cargo de Víctor Eduardo

Caro y Antonio Gómez Restrepo. Bogotá: Imprenta Nacional, 1921. [*El Conservador*, Bogotá, octubre de 1882 a marzo de 1883].

—. «Virgilio y el nacimiento del Salvador», en *Obras completas. Estudios literarios*, primera serie, vol. II, 36-44. Edición a cargo de Víctor Eduardo Caro y Antonio Gómez Restrepo. Bogotá: Imprenta Nacional, 1920. [*La voz de la Patria*, Bogotá, enero de 1865].

Liévano Aguirre, Indalecio. *Rafael Núñez*. Bogotá: Ediciones Librería Siglo XX, 1946.

Lleras Restrepo, Carlos. «Introducción», en *Escritos sobre cuestiones económicas*, 2.ª edición, III-XIV. Bogotá: Publicaciones del Banco de la República, 1956.

López de Mesa, Luis. *Miguel Antonio Caro y Rufino José Cuervo*. Bogotá: El Gráfico, 1944.

Núñez, Rafael. «Exposición al Consejo de Delegatarios», en *Estudios constitucionales y jurídicos*, primera serie, suplemento V, 501-509. Edición de Carlos Valderrama Andrade. Bogotá: Instituto Caro y Cuervo, 1986. [Noviembre 11 de 1885].

Valderrama Andrade, Carlos. «Estudio preliminar», en *Obras. Filosofía, religión, pedagogía*, vol. I, XVII-LII. Bogotá: Instituto Caro y Cuervo, 1962.

—. «Estudio preliminar», en *Estudios constitucionales y jurídicos*, primera serie, XIII-LIII. Edición de Carlos Valderrama Andrade. Bogotá: Instituto Caro y Cuervo, 1986.

Índice de materias

D

F

Índice de nombres

Índice de lugares

Miguel Antonio Caro: el intelectual y el político

EDITADO POR EL CENTRO EDITORIAL DE LA FACULTAD DE CIENCIAS HUMANAS DE LA UNIVERSIDAD NACIONAL DE COLOMBIA, FORMA PARTE DE LA COLECCIÓN GENERAL BIBLIOTECA ABIERTA, SERIE SOCIOLOGÍA. EL TEXTO FUE COMPUESTO EN CARACTERES MINION Y FRUTIGER. SE UTILIZÓ PAPEL HOLMEN BOOK DE 70 GRAMOS Y, EN LA CARÁTULA, PAPEL CLASSIC LINEN NATURAL WHITE DE 216 GRAMOS. EL LIBRO SE TERMINÓ DE IMPRIMIR EN BOGOTÁ, EN JAVEGRAF, EN EL AÑO 2014.

Made in the USA
Monee, IL
11 November 2026

68341116R00092